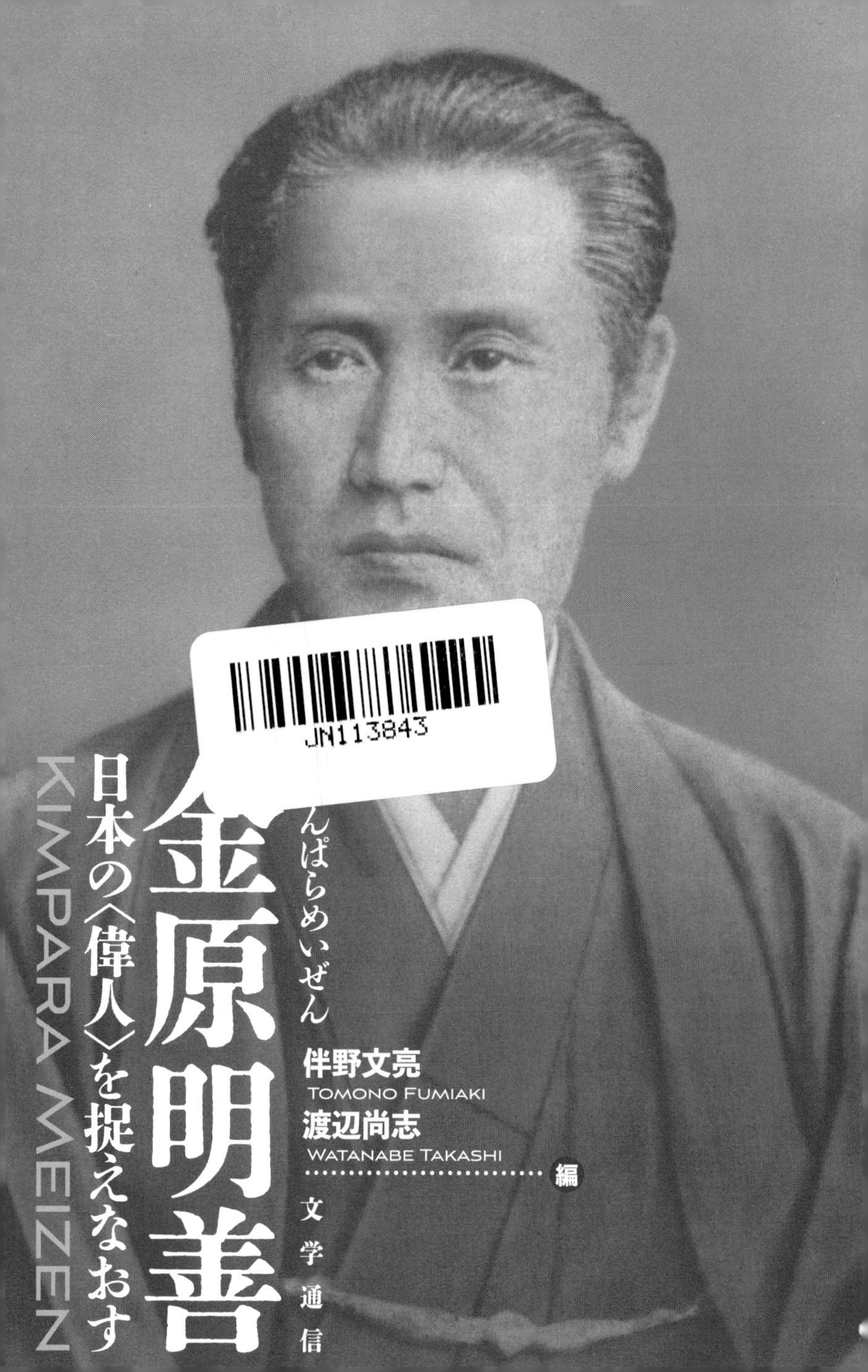



# 金原明善《んぱらめいぜん》

## 日本の〈偉人〉を捉えなおす

KIMPARA MEIZEN

伴野文亮
TOMONO FUMIAKI
渡辺尚志
WATANABE TAKASHI
……………………………… 編

文学通信

●目次

写真：八柱神社内に建てられた顕彰碑と胸像の前で（金原明善記念館所蔵）

# はじめに

## 〈偉人〉の全貌を明らかにするには

伴野文亮

## 一　金原家文書の一枚の写真から

　ここに、一枚の古写真がある。中央に男性の老人が座り、その周りを囲むように一人の成人男性と二人の成人女性、そして四人の子どもたちが写っている（図1、一橋大学附属図書館所蔵、KM4-12）。一見すると、戦前のとある家で撮影された家族写真のようである。ところが裏面をみると、この写真が単なる家族写真ではないことがわかる。そこには墨で、さまざまな文字が書かれている。読んでみると、向かって左側には「贈呈／金原明善先生」という為書《ためがき》、その下に続けて「信濃国小縣郡武石村／北澤善吉」とある。

　この写真は、ただの家族写真ではなかった。この写真は、信濃国《しなの》小縣《ちいさがた》郡武石村（現在の長野県上田市）在住の北澤善吉という人物から、本書のキーパーソンである金原明善《きんぱらめいぜん》（一八三二［天保三］―一九二三［大正一二］）に「贈呈」された写真であった。つまりこの写真は、明善と、北澤家の面々とを写した一枚だったのである。裏面には、「金原明善翁」の表記を囲んで「順」や「謙次郎」といった個人名が記されており、みな名字が「北沢」となっていることから、ここに書かれている名が写真に写る北澤家の面々の名前であることがわかる。この写真は、いつ撮影されたのだろうか。一部剝落《はくらく》して読み取れない箇所があるものの、右側に「紀念撮影明治四十二年（…）十一日」とある。すなわち、一九〇九年（明治四二）中のある月の一一日に撮影されたものと推定される。この写真が、いかなる経緯で撮影されたものなの

図１　金原明善と北澤家の人々（前列中央が明善、一橋大学附属図書館所蔵）

か、詳しいことは分からない。
　だが、手掛かりはある。実は、このような集合写真は、一橋大学附属図書館所蔵の「金原家文書」に複数遺されており、そのなかにはこの写真と類似したものもいくつかある。そのうちの一つを見てみよう（図2、KM4-28）。それをみると、明善を囲んで七人の男女が写り、裏面には「明治四拾壱年拾月廿七日皆山邸ニテ／婦人法和会第弐部／講演会紀念撮影」とあり、中央やや左には「呈／金原翁」の記述もみえる。つまりこの写真は、一九〇八年（明治四一）一〇月二七日に「皆山」なる人物の邸宅において催された、婦人法和会第二部における講演会の記念写真として撮影され

図2　皆山邸で撮られた写真（前列中央が明善、一橋大学附属図書館所蔵）

たものであることが分かる。撮影場所である「皆山邸」が具体的にいかなる地域にあった（今もある？）のかは不明だが、恐らくは明善が全国を飛び回って講演活動に勤しむなかで訪れた先での一枚と推察される（明善の講演活動については第6章を参照）。北澤家との集合写真と比較すると、撮影年代もほぼ同じであることから、先の北澤家での一枚も、明善が長野方面で講演した際に撮られた可能性が高い。これらの他にも、明善を囲んで撮影された集合写真は金原家文書にいくつもあり、表情はややかたいながらも目元は非常に穏やかな明善のさまざまな〈顔〉をみることができる。

## 二　明善の複数の〈顔〉

ところで、読者の皆さんは、国立国会図書館が管理・運営している「近代日本人の肖《しょう》像《ぞう》」というウェブサイト（https://www.ndl.go.jp/portrait/）をご存知だろうか。同サイトには、近代以降の日本史において特筆すべき政治家・官僚・軍人・実業家・学者・芸術家など約九〇〇〇名について、彼・彼女らの「職業・身分」と簡単な略歴、そしてサイトのタイトルにもなっている本人たちの肖像写真が掲載されている。このウェブサイトを閲覧することで、明治維新以後の日本社会にどのような人がいて、「近代」化のために尽力していたのか、その歴史像の一端を知ることができる。

そのサイトには、明善も掲載されている。「職業・身分」欄には「社会運動家」とある。略歴には、どのようなことが記載されているのであろうか。実際に本文を見てみよう（引用に際し、算用数字を漢数字に改めた）。

父は地主。明治五年（一八七二）浜松県第五六区戸長、同年天竜川御普請専務、六年川通総取締を浜松県より命じられる。七年天竜川通堤防会社（翌年「治河協力社」と改称）を設立し、私財を投じて天竜川の治水工事に尽力する。九年静岡県会議員。一八年天竜川下流域各村と紛議が生じたことなどから治河協力社を解散し、治水事業から撤退する。磐田郡の官有林を手始めに以後県内各地で植林事業を手掛ける。三七年金原疎水財団を設立。また、受刑者の更生保護にも関与し、二一年静岡県出獄人保護会社を設立した。

右を読むと、明善が地主の家の出身であり、彼の出身地である浜松がまだ静岡県に編入されていない一八七二年（明治五）の浜松県の時期には、明治初期の地方制度である大区《だいく》小区制《しょうくせい》で第五六区戸長を務めていたことが分かる。加えて、明善の事績の代名詞とも言える天竜川《てんりゅうがわ》治水《ちすい》の取り組みの数々が述べられ、彼がいかに天竜川の治水事業に尽力したかをうかがい知ることができる。そのほか、明善が天竜川治水と同時に取り組んだ植林事業に関する記述や、彼が天竜川治水とともに生涯の大半を費やして関与した更生保護《こうせいほご》事業に関する記述がみえ、合わせて、明善の高弟《こうてい》である水野定治が著した『天龍翁金原明善』（積文館、一九一六年）や、戦後に金原治山治水財団が編纂した伝記『金原明善』（金原治山治水財団、一九六八年）に収められた明善の肖像写真計七点が掲載されている。すなわち、このウェブサイトにアクセスするだけで、明善の事績と肖像とを瞬時に把握することができるのである。

だが、ここに示された金原明善のイメージ＝〈顔〉は、あくまで彼の人物像の一部分であり、その全貌《ぜんぼう》を説明したものではない。これまでの研究成果によって、明善が治水と植林、更生保護以外のさまざまな「実業」に従事し、企業家として活躍していたことが明らかにされている（金原治山治水財団：一九六八など）。本書でみていくように、明善は、時代が江戸から明治へと移り変わるなかで社会も大きな変化を遂げていく状況下にあって、積極的に行動し、金融業や農林業といった経済活動から、元受刑者の社会復帰を支援する更生保護活動や文芸活動を通じた社会「改良」の取り組みまで、実に多様な「実業」に携わっていた。先に触れた明治後期以降に全国規模でなされた講演活動もその一つである。それらの歴史的事実に鑑《かんが》みれば、明善を捉える視座は、右にあるような治水や植林、あるいは更生保護といった限定的な把握を超えて、事実に即した多面的なものでなければならないはずである。いわば、明善には、右のウェブサイトの紹介にはない、先にみたような講演先で撮られた写真のようにまだ知られていないさまざまな〈顔〉があるのである。今後の明善研究は、その点に留意して展開されなければならない。

## 三　本書の構成

以上の観点に立ち、本書は、これまでの明善研究とは一線を画する視座、具体的には地域史の視座から明善を捉え、明善研究の新たな可能性の提示を目指す。

以下、本書の構成を簡単に紹介しよう。

**第1章　金原明善とは何者か**（伴野文亮）では、本書で取り上げる金原明善の人物像と、彼がさまざまなメディアを介して〈偉人〉として顕彰された事実を概観する。そのうえで、戦前から戦後にかけての明善研究がどのように展開されてきたかを通覧し、明善を研究する上での論点を確認する。

**第2章　江戸時代からみた金原明善――近世・近代の転換期から見直す**（渡辺尚志）は、日本近世村落史研究の視座から金原家および金原明善の天竜川治水へのかかわりを考察し、治河協力社《ちかきょうりょくしゃ》の設立に象徴される明治改元以降にみられた明善による治水実践の歴史的前提を論じる。天竜川治水史における明善の位置づけを江戸時代の文脈から捉えることで、〈偉人〉金原明善による天竜川治水実践について、その個性的な側面と、近世・近代転換期という時代に規定された側面とを鮮やかに描く。

**第3章　天竜川地域からみた治河協力社――「地域」の集団と個人から捉える**（伊故海貴則）は、天竜川流域における治河協力社と他の諸集団（材木商会や水防組合など）との関係を見つめ直し、明治前期という政治的に不安定な時代に治河協力社が天竜川流域に存在した意義と明善の主体性を再考する。

**第4章　銀行家としての金原明善――東里為換店の経営実態からせまる**（棚井仁）は、明善が丸善の維持講社《いじこうしゃ》を引き取った後に設立した東里為替店《とうりかわせてん》（のち金原銀行）に着目し、銀行経営の実態からみた明善の銀行家としての素質を検証する。かかる分析を踏まえ、明善の天竜川治水の取り組みについて、従来あまり着目されてこなかった資金の視点から検討を加える。

**コラム❶　地方名望家・資産家としての金原明善——地域経済史研究から紹介する**（高柳友彦）では、近年盛んに行われている地域経済史研究、とりわけ地域社会における地方《ちほう》名望家《めいぼうか》や資産家・企業家の存在意義を問う研究潮流を踏まえて、明善の名望家・資産家としての特徴について論じる。そのうえで、地域内外における明善および金原家の面々による消費活動の実態解明を、今後の研究上の論点として指摘する。

**第5章　農業経営の改革を担った金原農場蔬菜部——明治末期の野菜栽培を描き出す**（佐藤敏彦）は、一橋大学附属図書館所蔵「金原家文書」に含まれる金原農場に関する歴史資料を素材として、明治四〇年代に金原家が浜松で展開した蔬菜《そさい》（野菜）事業の歴史化を試みる。金原農場については、永野弥三雄が北海道の金原農場について基礎的考察を加えているが（永野：一九九二）、浜松における蔬菜事業については論じていない。かつて筆者は、今後の明善研究の論点として、金原家文書を活用した明治期の金原家の実態を解明する必要性について指摘したが（伴野：二〇二〇）、本章は農業という視座から明治期の金原家を分析した点で大きな意義をもつ。

**第6章　民衆「教化」と社会「改良」を目指す金原明善——その啓発活動から考える**（伴

野文亮）は、俳諧や免囚保護、講演や揮毫など、さまざまな活動を通じた金原明善による民衆「教化」と社会「改良」の実践について論じる。明善は、明治・大正期を生きるなかで何を考え、どのように民衆と社会に向き合っていたのか。本章では、「社会運動家」としての明善のイメージを深掘りする。

**第7章　地域史教育のなかの金原明善――高校での教育実践から考える**（井口裕紀）は、「郷土の偉人」として顕彰されている金原明善を、地域史教育の素材としてどのように位置づけ得るかを考察する。具体的には、防災や地域産業、教育思想など、計六つの視点から捉え得ることを指摘し、その視座はさらに近年スタートした「日本史探究」の授業実践にも活かし得ることを論じる。

**コラム❷　高校生が調べた金原明善――明善研究に挑んだ高校生の声から**（井口裕紀・浜名高校史学部）では、静岡県立浜名《はまな》高校史学部による明善研究の軌跡を紹介する。前半は、史学部で明善研究を行うようになった経緯と今後の活動方針が示される。後半は、史学部の生徒三名が、自ら取り組んだ明善研究を通して感じたことや考えたことを等身大の言葉で表現する。

**おわりに――〈偉人〉金原明善を見直す**（渡辺尚志）では、本書に収録された内容を整理し、明善研究の新知見を総括する。併せて、本書の特徴でもあり、明善を捉え返すために必要な三つの視点を提示する。

本書は、地域史の視座から〈偉人〉金原明善を捉え返し、明善研究の新地平を切り開くものである。本書の出版を通して、「金原明善」というひとりの歴史上の人物と地域社会との関係をめぐるさまざまな視座を提供し、近世・近代転換期日本における地域史像を豊かにすることができれば幸いである。

なお本書では、偉人という用語がイデオロギー性を帯びる点をふまえ、それを相対化する視座から括弧＝〈〉を付して〈偉人〉と表記する。

## 参考文献


・土屋喬雄監修『金原明善』（金原治山治水財団、一九六八年）
・伴野文亮「一橋大学附属図書館所蔵「金原家文書」解説」（『静岡県地域史研究』第一〇号、二〇二〇年）
・永野弥三雄「金原明善の北海道殖民農場について」（『常葉学園浜松大学研究論集』第四号、一九九二年）
・水野定治『天龍翁金原明善』（積文館、一九一六年）

写真：明善神社（伴野撮影）

# 第1章

# 金原明善とは何者か

伴野文亮

## 一　はじめに

本章では、本書で扱う金原明善という人物がどのような人物だったのか、そして彼をめぐる研究が現在までにどのように進展してきたかを概観したうえで、今後、金原明善を研究していく際に必要となる知見を共有しておきたい。

## 二　金原明善の人物像

金原明善は、一八三二年（天保三）に遠江国《とおとうみのくに》長上郡《ながかみぐん》安間《あんま》村《むら》（現在の浜松市東区安間）に生まれた。金原家は名主家で、明善の父軌忠の代には横浜で「遠江屋」という貿易商を有志とともに共同経営するような家であった（金原治山治水財団：一九六八）（渡辺：二〇二二）。明善自身は、後述する天竜川の治水や林業への取り組みのほか、浜松では天龍木材会社（現在の天龍木材株式会社）や天竜運輸会社（一九四五年に日本通運と合併）の起業に携わり、浜松以外では東京・日本橋において金原銀行（一九四〇年に三菱銀行と合併）を経営するなど、さまざまな実業に従事した企業家であった。また明善は、右に示したような企業家としてだけでなく、社会事業家としての側面ももっていた。具体的には、一八八〇年（明治一三）に勧善会《かんぜんかい》を設立して現在の更生保護事業の先駆けとなる免囚《めんしゅう》の保護活動に取り組んだほか、治河《ちか》協力《きょうりょく》社《しゃ》附属《ふぞく》水利《すいり》学校《がっこう》や林業講習所の設立、女子教育への関与など、次代を担う人材の育成にも尽力していた。総じて明善は、近代日本においてさまざまな「フィランソロピー」の実践に取り組んでいた渋沢栄一と同じような「実業家」だったのである（飯森・井上・見城責任編集：二〇二二）。

明善の事績を語る上で欠かせないのは、天竜川の治水と林業への取り組みである。後述するように、明善の〈偉人〉化の背景には、右の実績が大きく関与していたからである。このうち、天竜川の治水については、第2章の渡辺論文を参照していただくとして、ここでは林業の取り組みについてみていこう。

明善が林業を開始したのは、一八八五年（明治一八）一〇月のことであった。一〇月二三日、明善は農商務省静岡山林事務所に対し「官林《かんりん》改良《かいりょう》御《ご》委託《いたく》願《ねがい》」を提出している（『金原明善資料上』史料番号六九二）。そこではまず、明治二〇年から三四年にかけて官林内で「栽植」し、その後「返納」することが述べられる。そして、植え付け後四、五年間は下刈り作業にも従事し、その期間中は「御監督ニ従ヒ御指揮ヲ受ク」と述べて、遠江国豊田郡瀬尻《せじり》字河内奥外二字二等官林内の約六百町歩に計二七〇万本（杉苗二四〇万本、扁柏《へんぱく》苗三〇万本）の植栽を施すことの許可を願い出ている。

官林内の植林を願い出た明善に対し、農商務省静岡山林事務所は、同年一二月四日に許可を出した。これ以後明善は、自身の計画に基づいて植林事業を展開していく。許可が下りた直後、今度は「官林内苗圃拝借願《かんりんないなえぼはいしゃくねがい》」を農商務省静岡山林事務所に提出し、苗種を育成する場所を、豊田郡平口村などに合計反別五町歩確保した。そして、熊野から杉、木曽から柏の木の実を持ってきて「播種」した（『金原明善資料上』史料番号六九三）。

その後、瀬尻官林における林業は着実に進められ、一八九八年（明治三一）一二月の時点で面積にして七五九町七畝九歩、植え込み本数は二九二万二四九本となった。明善は、同年八月にそれらの土地を「返納」したいと御料局に願い出て、同年一二月に許可されたことで、明善による瀬尻官林における植林は終わった。

明善が林業に取り組んだ理由は何だったのであろうか。ひとつは、天竜川治水を完璧なものとするためである。明善によれば、長年力を尽くしてきた天竜川の治水事業は、明治政府の直轄となったことで「一朝百年之素望」が達成され、安心して暮らせるようになって「感喜」するところである。だが、なお「明善カ見ル所」では「未タ一水十全ノ功程ヲ得タ」とは言えない。すなわち、川幅は実に広域であって、直接的な河川修築工事だけでなく間接的にも治水のためにすべきことがあるのではないか。例えば、河床が浅いために川の流れを塞いでしまっているという懸念がある。つまり、今日沿岸の木々を乱伐することで山が削られ、雨が降ったときに土砂が川に流入して河床が浅くなり、ついには堤防を破堤させる状況の出来に繋がりかねない。これを案ずれば、治水と植林とは方法が違うといえども、帰するところは一つであり、よって自分は自身の手許にある金を造林のための費用として提供し、治水完遂という一貫した精神をもって聖世《せいせい》に報いたいと考えるに至った。そして、治水上特に重要な水源林を養成することによる水害の予防を企図して沿岸を踏査し、今回植栽を願い出た土地が土砂崩れの危険性が高いと判断したため、先のような計画で植林の許可を願い出た。その目的は、一つは土砂が川へ流入するのを阻止して河川行政を助けること、いま一つは造林の模範を沿岸住民に示し同じように木を植えさせることである（金原：一九〇四）。明善は、治水上の観点から、天竜川上流域に木を植え始めたのであった。

写真：明善・登山時の肖像（金原明善記念館所蔵）

だが、明善が林業に取り組んだ理由は、これだけではなかった。明善は、林業の発達が国を富ませ、民を幸福にすることにつながると考えていたのである。そのための具体的な方法として、明善は次のように持論を展開する。すなわち、木材を安く安定的に都市に供給し、いっそう山林経営を盛んにするために、①山間部の道路整備（「山間ノ道路ヲ開通シテ木材ノ搬出ヲ容易ニシテ、以テ其経費ヲ減少スルコト」）と②木材輸送費の軽減（「木材ヲ消費地ニ運搬スルノ費用則チ汽車船舶ノ運送賃ヲ軽減スルコト」）が必要であるという（『金原明善資料上』史料番号七八二〔七〇九〕）。これによって、従来捨てられてしまっていた樹木の供給もかない、供給の欠乏補填《ほてん》はもちろん、山林経営による収益が高まることになれば、国土保全も整って「健全ナル国家ノ慶運ニ達スルコト必然」と、明善は自身の考えを自信たっぷりに語るのである。

　右のように、明善は林業を、浜松および国全体の利益（「全州共通ノ公益」）を増進させ、ひいては「国利民福」をもたらす事業として捉えていた。こうした林業を核とした経済観のもと、明善は天竜川上流域に木を植え、御料林の経営に携わるとともに自らも山林を購入して「金原林」を形成したのである。さらに明善は、浜松のみならず、静岡県内では伊豆の天城山御料林《あまぎさんごりょうりん》に木を植え、県外にあっては岐阜県や広島県でも植林指導を行うなど、積極的に林業振興に努めたのであった。

## 三　明善の〈偉人〉化とその受容

　以上みてきたように、明善は近代日本において確かな存在感をもった実業家であった。そして彼は、明治中期から昭和戦前期にかけて、山崎延吉《やまざきのぶよし》のような農本主義イデオローグや山田司海《やまだしかい》のようなジャーナリスト、そして鈴木信一《すずきのぶいち》のような地域の実業家たちによってその時々の時代的社会的背景に裏打ちされながら、立身出世や修養、総力戦体制下における「臣民」の模範〈偉人〉として顕彰され、近代天皇制国家における支配イデオロギーとして機能していく。この点についての詳細は、本章の末尾に掲げた拙稿をご覧いただくことにして、ここでは簡潔に明善の〈偉人〉化の様子を見ていくことにしよう。

明善が初めてメディアに載ったのは、一八七八年（明治一一）一一月一六日発行の『郵便報知新聞』である。そこでは、明治天皇睦仁《むつひと》の北陸・東海巡幸に際して気賀《きが》林《りん》や出島竹斎《でじまちくさい》らとともに明治天皇から褒賞された人物の一人として、その人となりが紹介されたのである。次に明善がメディアに姿を見せたのは一八九二年（明治二五）に刊行された『実業立志　日本新豪傑伝』という書物である。ここで明善は、「忠君愛国」の精神をもち、単に「一家の資産を増やさん」とする利己的な動機ではなく「国家の為」に「殖産興業に熱心」な、「実業」家のなかでも「稀に見る」人物として描かれている（篠田：一八九二、引用は二六三頁）。同書では、明善が行った事業の内容と、事業の目的が自身の名誉獲得や利潤追求では無く、あくまで「公益」の増進をはかることにあったとされている様子が見て取れる。こうした論調は、例えば一九〇一年（明治三四）に刊行された『商海立志　明治豪商苦心談』など他の書物にも共通していた。右の書物の主題は、明善一人を〈偉人〉として称揚することではなく、この段階における明善は、あくまで「後進の士」の立身出世願望を刺激するための《モデルケース》の一人でしかなかった。

こうした論調は、地方改良運動が展開され始めた頃から徐々に変化し、大正期になって一層国家主義的色彩を帯びるようになる。例えば『偉人成功史』という本のなかで、国内外の〈偉人〉を紹介した秋田実は、明善を「国家に忠節、同胞に仁慈なる者、未だ曾《かつ》て見聞せざるところである、金原明善君之なり」と評し、明善を、国家に忠節を尽くすと同時に「同胞」にも仁慈に富んだ稀有な人物として捉えた（秋田：一九一五、引用は三三一頁）。また、富田文雄は、農業振興の必要性を訴えた『三太郎の鼻唄』という書物のなかで、明善以上に貯蓄に成功している人々がいることを指摘したうえで、「彼等」が貯めた金品は屎尿《しにょう》にも劣ると断言する。その理由は、「彼等」が貯めた金品によって潤う人は誰一人としていないからだという。ここにおける「彼等」が誰を示しているかは判然としないが、恐らく第一次世界大戦によって財を成した「成金」を含む都市部の富裕層と考えて良かろう。一方の明善については、他人を救うことを目的として節倹に励んでいると、対照的な位置づけがなされている。富田は、明善のように「自分の股をさいて他人の飢を救ふということは、神様でなければ出来ないことだ」と断言する（富田：一九一八、引用は一六八頁）。ここにきて明善は、「神様」と同列に位置づけられるようになったのである。

こうした論調の変化には、固有の時代状況が関係している。先述の秋田は『偉人成功史』のなかで、「今や世界は恐しい動乱の渦中に捲込まれて」おり、ことに日本では「上下国を挙げて国民は漸く戦勝の餘栄に酔ひ、日増浮華文弱に流れ実に寒心に堪えない」とし、

「これ寔に国家の一大憂事にして、社会の一恨事である」という危機意識を表明していた（前掲秋田：二頁）。実際秋田のいうように、当時の日本社会は、日清・日露戦争後の経済発展に伴う格差社会の進行と自由主義思想、及び社会主義思想の普及がみられ、それと同時にいわゆる「高等遊民」問題が発生するなど、国家主義を標榜する人びとにとって危険な、秋田の言葉を借りればまさしく「一大憂事」の状況にあった。こうした状況を改善すべく、彼らはメディア上において積極的に自らの思想を展開した。明善は、そうした国家主義者たちの危機意識に導かれながら、メディア上に登場させられていたのである。

明善を捉える視線は、彼を「修養の模範」と位置づけるものだけに止まらなかった。民《みん》力《りょく》涵養運動《かんよううんどう》を経て元号が昭和に変わる頃から、〈偉人〉金原明善の顕彰は新たな局面を迎える。例えば、一九二八年（昭和三）に出版された『家庭実践教育勅語読本』という書物では、明善が行った事業の数々と、「類例全く絶へたるの大功績」という天竜川の治水に関わる家産献納の美談を述べた上で、明善は、第二の尊徳と呼ばれる程の稀有な公共的かつ世務的な〈偉人〉であると評価されている（堂屋敷：一九二八、引用は一〇三頁）。時代が昭和になった頃から、明善はその存在意義を教育勅語と結ばれるようになり、より直接的に近代天皇制国家の政治支配を支える役割を担わされるようになったのである。

それればかりではない。一九四三年（昭和一八）に出版された『青少年錬成の書』という書籍では、明善は勤倹《きんけん》に努めて実践主義を尊重した人物として称揚された上で、自己本位になりがちな「青年」たちにとって学ぶべきところが数多くある人物として位置づけられている（前田：一九四三）。ここでも明善は、「青年」たちの模範的存在として捉えられているのだが、これまでと異なるのは「青年」たちに対して、単に精神修養を促す存在ではなかったという点である。そこには、戦争という「非常時局下」において、「青年」たちに国家への現実的・具体的な貢献を要求する狙いがあった。アジア・太平洋戦争のさなか、明善は、国家・公共のために率先して一身を捧げる、自己犠牲の精神に富んだ人物として位置づけられるに至ったのである。

つまり明善の〈偉人〉化は、さまざまな論調・形態のもと、近代天皇制国家における支配イデオロギーとして存在していたということが指摘できるのである（伴野C：二〇二〇）。では、こうした〈偉人〉金原明善を、民衆はどのように捉えていたのであろうか。『金原明善資料』には、明善を題材にした書物を読んで〈偉人〉金原明善を敬慕する主体の数々を見て取ることができるが、ここでは水野定治が一九五三年に著した『岐阜県と金原明善翁』を手がかりに、その様子をうかがってみたい（水野：一九五三）。

同書には、明善が岐阜県根尾谷《ねおだに》で植林指導をしたことで同地において植林が盛んになったと述べる人々の証言が収められており、〈偉人〉金原明善がどのように受容されたかを考えるうえで極めて示唆に富んでいる。例えば、井上乙次郎という人物は、「根尾村の此の立派な植林は実に金原さんのお蔭である」と述べ、また宮脇留之助という人物は、根尾村内に多くの砂防林が出来たことが金原の指導によるものとしたうえで、「翁は実に山林界の恩人であり又偉人でありました」と述べている（二〇、二三頁）。いずれも、明善による植林指導によって同地で林業が盛んになったことを指摘し、明善の存在意義を強調している。人々は、当時すでに〈偉人〉として称揚されていた明善の謦咳《けいがい》に接することで一層その「偉大さ」を感じ、その結果が右に挙げたような明善を顕彰する言説を遺すと同時に、一九二八年（昭和三）の顕彰碑建立につながったと考えられる。

別の証言も聞いてみよう。浜松出身の荻野美三郎という人物は、自分史上で自らの生い立ちについて語るなかで〈偉人〉金原明善をどのように捉えていたかを証言している。荻野によれば、氏の実家は明善神社の真向かいにあり、氏は幼少期より毎朝この明善神社に参拝して育ったという。そして、磐田郡竜山《たつやま》村の試導農場で農業に勤しむようになった荻野は、知人宅に寄宿した際に明善が植樹した杉や桧を毎日見て明善の「偉業に感化され」、山林家になることを決意したのだという（荻野：一九八四、引用は二―三頁）。ここでは、「神」として祀られている明善を崇拝し、青年期に明善の「偉業に感化され」て山林家になろうと決意した荻野の思想形成の一片がうかがえる。

つづけて荻野は、自身が通う小学校にあった『少年物語金原明善翁』（和田村尋常小学校、一九三七年）を繰り返し読んで感動を覚え、そこに表れていた「金原精神」を自身の「一生のバックボーンとすることを決意し」たと告白する（一二頁）。ここでは、幼少期から明善を「神」として祀る明善神社に詣でて明善を敬慕していた荻野が、明善を〈偉人〉として扱った書物を読んで一層その思いをたくましくし、尊崇するまでの思想形成のプロセスが述べられている。さらに注目すべきは、荻野のそのあとの行動である。荻野は、教師になる夢を諦めた後、当時募集がなされていた満蒙開拓青少年義勇軍《まんもうかいたくせいしょうねんぎゆうぐん》に参加したというが、その際にも氏は明善が行った北海道の開拓事業のことを思い浮かべながら、「金原明善翁の、金原精神を実行しようと決心し」て満蒙開拓青少年義勇軍への入隊を決めたという（一三頁）。氏が満蒙開拓青少年義勇軍に入隊する動機の一つに、〈偉人〉として顕彰されていた明善の存在を見て取ることができる。筆者はかつて、明善を〈偉人〉として顕彰する営みが植民地権力の一つの具体化として展開されていた様子について検討を行ったが（伴野：二〇一五）、ここでは満州移民の当事者の思想形成に明善の〈偉人〉顕彰が大きく関わっていた事実を確認することが出来るのである。

## 四　金原明善の研究史と今後の課題

ここまで、明善の人物像と、〈偉人〉化の問題について概観してきた。では、明善は、これまでにどのように研究されてきたのであろうか。本章の最後に、明善のこれまでの研究史をふり返り、今後の課題を確認したい（明善をめぐる研究史と今後の課題については、伴野：

二〇二三でも詳述した。併せて参照されたい）。

金原明善に関する研究は、碧瑠璃園著『金原明善翁』など伝記的性格を持つものも含め、戦前から多くの蓄積が存在する。代表的な成果を挙げれば、明善の高弟だった水野定治と鈴木要太郎による研究成果がある（水野：一九一七）（鈴木：一九三七）。なかでも、明善の治水事業について研究した成果は、明善が天竜川治水の〈偉人〉として称揚されてきたことと相まって、戦前から多く蓄積されてきた（水野：一九三九）（小野田：一九四二）（栗原：一九五八など）。だが、それらはいずれも、明善を〈偉人〉として自明視したうえで、明善の伝記や言行録から同人の思想と行動を分析し、その「偉大さ」を顕彰せんとするものであった。

こうした研究状況を踏まえて、明善の事業を実証主義的に検討したのは土屋喬雄である（土屋：一九六七）。土屋は、金原治山治水財団の有志とともに金原家が所有していた膨大な数の一次史料を整理し、それらを用いて書かれた伝記『金原明善』および『金原明善資料』（上下二巻）の監修を行った（金原治山治水財団：一九六八）。なお、『金原明善』を執筆したのは新谷九郎である。

金原家に所蔵されていた一次史料を掘り起こすなかで編まれた伝記『金原明善』は、それまでに世に出された伝記とは異なり、明善の誕生から携わった事業とその思想背景までを体系的に、かつ実証的に叙述している点で、明善研究の重要な成果である。その意義は、今日にいたってもなお、損なわれていない。しかしながら同書は、明善の事績を顕かにすることを目的として編まれたために、明善の実践の地域史的意義などには論究していない。また、肝心の明善の事績についても偏りが見られ、総合的に明善について叙述したものではないという限界があった。とはいえ、伝記及び資料集の刊行によって、明善に関する実証的な研究が可能となり、以降この成果に依拠した研究成果が多数紡ぎ出されてきた（老川：一九八六）（永野：一九九二）（町村：二〇一一）（斉藤：一九九九）（伴野：二〇一四）（藤田：二〇一五）（伴野：二〇一六）。

以上のように紡がれてきた研究史であるが、二〇一六年五月に大きな画期を迎える。金原治山治水財団および金原家が所蔵する歴史資料の文書類が、一橋大学附属図書館に寄贈されたのである。寄贈された後は、渡辺尚志氏を代表として「金原家文書」研究会が組織され、共同研究の枠組みが構築された。研究会では、同家資料の目録づくりに取り組み、二〇二〇年三月までに仮整理を終えて粗目録を完成させ、一橋大学附属図書館と浜松市立中央図書館に寄贈された。現時点での目録件数は八九〇二件を数える。ただし、整理の都合上、複数の資料を現状保存のまま「一括」として処理したため、実質的な点数はさらに多く、数万点規模と推定される。

二〇一九年九月二三日には、静岡県地域史研究会第一〇回大会シンポジウム「近世・近代転換期における天竜川沿岸地域と金原明善」が開催され、「金原家文書」研究会から渡辺尚志氏と淺井良亮氏、筆者の三名がパネリストとして登壇した。報告内容は、渡辺氏は近世村落史研究の視座からみた明善の天竜川治水の意義と限界を、淺井氏は明善の高弟である水野定治による明善伝の編纂プロセスを、筆者は文書群の概要と治河協力社附属水利学校の実態についてそれぞれ発表した（渡辺：二〇二〇）（淺井：二〇二〇）（伴野ｂ：二〇二〇）。

その後も、各自の研究課題にもとづき、同資料群を活用した研究が展開中である（伴野：二〇二二）（伴野：二〇二二）（武田：二〇二二）（棚井：二〇二二）（渡辺：二〇二二）。

以上の展開を踏まえ、今後は既存の活字資料（『金原明善』および『金原明善資料』）だけでなく、生の一次史料（一橋大学附属図書館所蔵「金原家文書」など）を積極的に活用した歴史研究の実践が俟《ま》たれている（伴野ａ：二〇二〇）。また、歴史研究と不可分の位置にある歴史教育については、〈偉人〉というある種のイデオロギー的存在としての金原明善ではなく、近世・近代転換期の日本社会を生きた一人の人間として金原明善を捉え返す取り組みが重要であり、一次史料を素材とした教育実践の構想が求められていると考える。研究状況も教育をめぐる環境も変化しつつあるなかで没後一〇〇周年を迎えたいま、「郷土の偉人」金原明善をめぐる研究は、新たなステージに移行する必要があるのである。

## 参考文献

・秋田実『偉人成功史』（光玉館、一九一五年）

・淺井良亮「金原明善伝記編纂における史料と蒐集」(『静岡県地域史研究』第一〇号、二〇二〇年)
・飯森明子・井上潤・見城悌治責任編集、見城悌治編『渋沢栄一と「フィランソロピー」6 社会を支える「民」の育成と渋沢栄一』(ミネルヴァ書房、二〇二一年)
・老川慶喜「金原明善 その虚像と実像 天竜運輸会社の経営分析を通して」(『季刊輸送展望』第二〇〇号、一九八六年)
・荻野美三郎『金原明善翁と河合逸治先生を荻野美三郎が綴る想い出の記』(私家版、一九八四年)
・小野田龍彦『国士を培ふもの 金原明善一代記』(平凡社、一九四二年)
・金原明善『経歴及希望』(一九〇四年)
・栗原東洋「金原明善翁とその林業理論」(林業経済研究所編『林業経済』第一一編九号、一九五八年)
・斉藤新「金原明善 有志による天龍川改修事業の構想と挫折」(静岡県近代史研究会編『近代静岡の先駆者』静岡新聞社、一九九九年)
・篠田正作『実業立志 日本新豪傑伝』(偉業館、一八九二年)
・鈴木要太郎『金原明善翁と其思想』(金原翁伝記刊行会、一九三七年)
・武田真幸「金原家文書「KM-44」目録および解題」(『一橋大学附属図書館研究開発室年報』第一〇号、二〇二二年)
・棚井仁「合名会社金原銀行の設立と展開」(『三菱史料館論叢』第二三号、二〇二二年)
・土屋喬雄『続日本経営理念史 明治・大正・昭和の経営理念』(日本経済新聞社、一九六七年、初出は

一九五六年）
・土屋喬雄監修『金原明善』（金原治山治水財団、一九六八年）
・堂屋敷竹次郎『家庭実践教育勅語読本』（明道会、一九二八年）
・富田文雄『三太郎の鼻唄』（求光閣書店、一九一八年）
・伴野文亮「金原明善の『偉人』化と近代日本社会　顕彰の背景とその受容」（『書物・出版と社会変容』第一六号、二〇一四年）
・同「越境する「偉人」金原明善：植民地支配における「偉人」の位置づけをめぐって」（『日韓相互認識』第六号、二〇一五年）
・同「金原明善の天竜川治水構想と地域社会　近代移行期「名望家」の営みとその経済史的意義をめぐって」（渡辺尚志編『移行期の東海地域史』勉誠出版、二〇一六年）
・同a「一橋大学附属図書館所蔵「金原家文書」解説」（『静岡県地域史研究』第一〇号、二〇二〇年）
・同b「治河協力社附属水利学校の研究」（『静岡県地域史研究』第一〇号、二〇二〇年）
・同c「近代天皇制国家と「偉人」　金原明善の「偉人」化とその歴史的意味」（『歴史評論』第八四八号、二〇二〇年）
・同「一次史料から立ち上げる治河協力社の研究：金原家文書「事務書類」を手がかりとして」（『一橋大学附属図書館研究開発室年報』第九号、二〇二一年）
・同「鈴木治三郎関連史料の紹介」（『一橋大学附属図書館研究開発室年報』第一〇号、二〇二二年）

・同「金原明善研究の課題と展望」（『静岡県近代史研究』第四八号、二〇二三年）
・永野弥三雄「金原明善の北海道殖民農場について」（『常葉学園浜松大学研究論集』第四号、一九九二年）
・藤田英昭「天竜川流域の治山治水と金原明善」（公益財団法人徳川黎明会徳川林政史研究所編『森林の江戸学Ⅱ』東京堂出版、二〇一五年所収）
・前田偉男『青少年錬成の書』（日本青少年教育会出版部、一九四三年）
・町村敬志『開発主義の構造と心性　戦後日本がダムでみた夢と現実』（御茶の水書房、二〇一一年）
・水野定治『天龍翁金原明善』（積文館、一九一七年）
・同『金原精神』（寶文館、一九三九年）
・同『岐阜縣と金原明善翁』（根尾村森林組合、一九五三年）
・渡辺尚志「金原明善と天竜川の水防・治水」（『静岡県地域史研究』第一〇号、二〇二〇年）
・同「金原明善と天竜川の水防・治水」（同『川と海からみた近世』塙書房、二〇二二年）

【付記】本章は、公益財団法人河川財団令和四年度河川基金および公益財団法人クリタ水・環境科学振興財団二〇二二年度国内研究助成による成果の一部である。

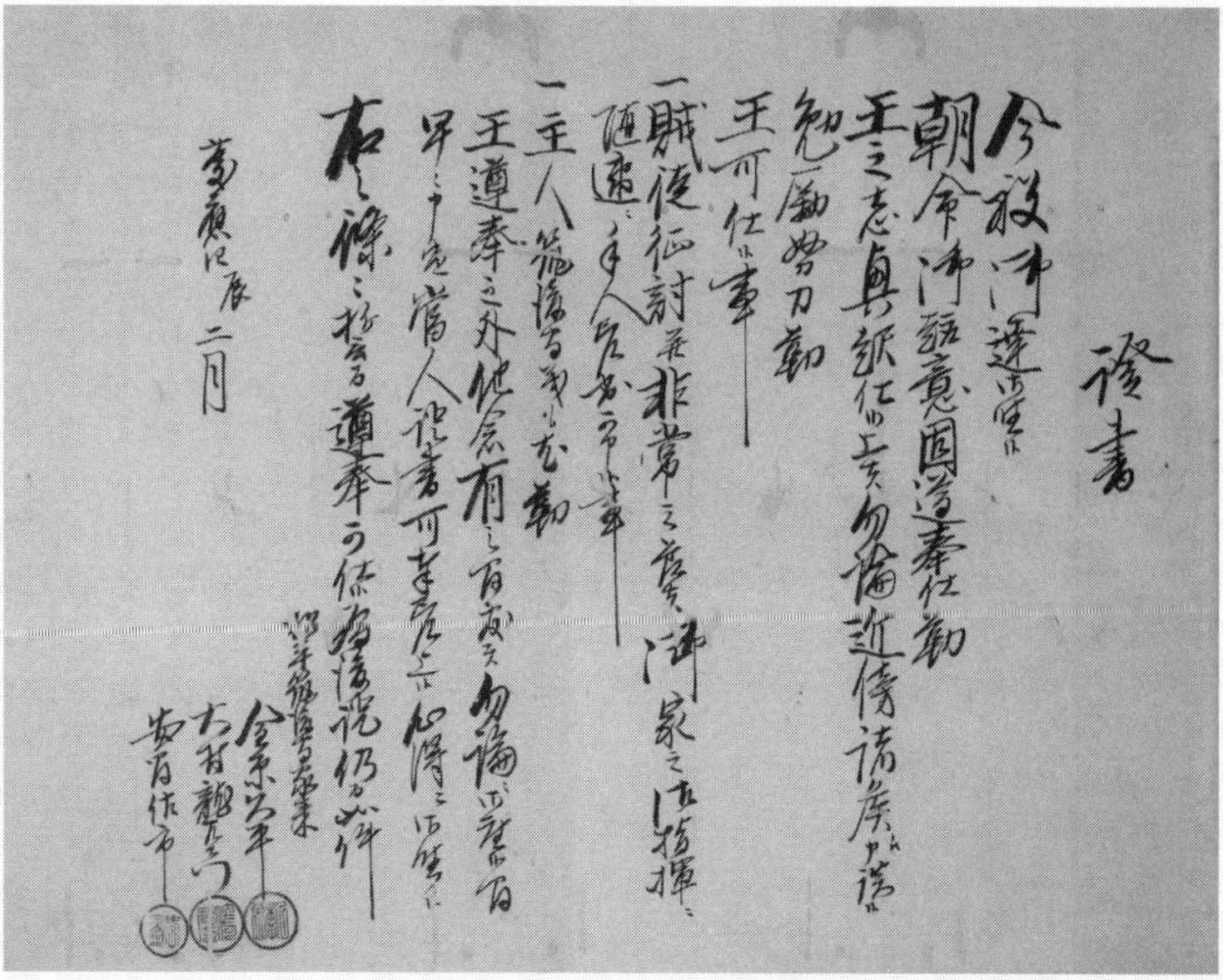

写真：証書（慶応４年、一橋大学附属図書館所蔵）

明善の父・久平らが領主松平家の家来という立場で勤王を誓ったもの。

第**2**章

# 江戸時代からみた金原明善

## 近世・近代の転換期から見直す

渡辺尚志

## 一　はじめに

金原明善について語るとき、経済人・社会事業家などいずれの側面を取り上げるにしても、明治以降の活動が主に注目されてきた。しかし、明善は一八三二年（天保三）生まれで、一八六八年（慶応四＝明治元）にはすでに三六歳になっており、当時は居村・安《あん》間《ま》村《むら》の名主を務めていた。したがって、明善の全体像を把握するためには、近世（江戸時代）にも目を向ける必要がある。

また、明善は傑出した人物ではあったが、すべて自身の思い通りに事が運んだわけではない。彼とて時代の子であり、彼を取り巻く時代状況に規定される側面があった。そして、彼が暮らす村や地域社会の人々との関わりのなかで、地域が直面する課題と取り組んだのである。天竜川の水防（増水時の氾濫防止）・治水（平時における堤防の維持・管理）への尽力は、まさにそうしたものであった。

そこで、本章では、ⅰ近世における明善と金原家を取り巻く状況はどのようなものだったのか、ⅱ近世段階で、天竜川流域における水防・治水への取り組みはどこまで進んでいたのか、という二点を考察することを課題とする。近世まで考察の射程を伸ばすことで、近代における明善の活動がいかなる歴史的前提のもとでなされたのかを考えてみたい。

## 二　近世の安間村と金原家

### （一）安間村とはどういう村か

近世の天竜川下流域（鹿島・二俣以南の、三方原台地と磐田原台地に囲まれた遠州平野を流れる部分）は、両岸とも幕府領・大名領・旗本領・寺社領等が複雑に入り組んだ非領国地域（領主支配錯綜地域）であり、そのなかでは幕府領（中泉代官所支配）と浜松藩領が比較的大きな比重を占めていた。

金原家のある遠江国長上郡安間村《とおとうみのくにながかみぐんあんまむら》（現浜松市）は、天竜川から西へ直線距離にして約八町（約八七三メートル）の所にあり、水害を受けやすい立地であった（章末の図参照）。村の中を東海道が通っており、村の西のはずれには安間川（天竜川の旧河道）が流れていた。

一八四三年（天保一四）には、村高《むらだか》（村全体の石高）一八三石三斗五升三合、耕地面積二三町六反九畝二〇歩（一町は約一ヘクタール）、田の石高一二六石七斗七升九合、畑の石高一五六石五斗七升四合であり、一八四二年（天保一三）には戸数四九戸、人口一九八人、一八六九年（明治二）には戸数四六戸、人口二一三人であった。一八世紀以来幕府領（中泉代官所支配）だったが、一八四五年（弘化二）に旗本松平家（表高七〇〇〇石、実高八二〇〇石余）の知行所《ちぎょうしょ》（領地）になり、幕末に至った。一八六八年には村高の八五％余が畑であり、田畑の生産力は標準よりやや低いと評価されていた。

## （二）水害に苦しむ

一八五六年（安政三）の村入用（村運営の必要経費）は金約一一両二分余だったが、天竜川と安間川の氾濫防止に用いる俵・縄・竹の代金と村内の道・橋などの修復資材費の二つで村入用の六割強を占めていた。

一八五八年（安政五）一二月の年貢皆済目録（領主から村宛に出される年貢皆済の証明書）をみると、安間村の年貢など納米《おさめまい》の合計四〇石九斗八升五合のうち三〇石七斗三升九合は、一八五〇年（嘉永三）の天竜川の氾濫で、耕地に石や砂が流れ込んで地味が悪くなったため、一八五一年（嘉永四）から一〇年間連年減免されることになっている。そのため、一八五八年の実際の納米は一〇石二斗四升六合に過ぎない。ここにも、天竜川の水害の影響がいかに大きかったかが示されている（金原治山治水財団：一九六八b、下五八四番史料、以下同書については上・下巻の別と史料番号のみ記す）。

一八六〇年（万延元）五月に、天竜川の破堤により安間村は川の流路になったり、耕地が石や砂で埋まったりして、残らず荒れ地になってしまった（下七番史料）。同年一二月にも大雨が降り、大洪水となった（下五九七番史料）。一八六一年（文久元）には、天竜川の出水・破堤により、再開発した田畑がまた荒れ地になった（下五九六番史料）。一八六二年（文久二）八月にも、大風雨のため洪水になり、作物が水に浸かった（下八番史料）。

一八六四年（元治元）の年貢皆済目録では、納米の数値は一八五八年と同様で、納米合計のうち三〇石七斗三升九合は、一八六〇年の天竜川の氾濫の被害により、一八六一年から六年間連年減免されることになっている。そのため、一八六四年の実際の納米は一〇石二斗四升六合となっている。一八六五、一八六六両年（慶応元、二）も全く同じ数値である。

一八六七年（慶応三）は、納米の数値は一八六六年と同様で（すなわち一八五一年から不変）、納米合計のうち一六石三斗九升四合は、一八六〇年の天竜川の氾濫の影響で、一八六七年から四年間連年減免されることとなっている。そのため、一八六七年の実際の納米は二四石五斗九升一合であった。一八六六年までよりも減額幅は縮少しているものの、依然として毎年一定額の減免措置が継続しているのである。

一八六八年（慶応四＝明治元）五月には、前代未聞の大風雨により、天竜川流域の広範囲の村々が被害を受けた（下六〇九番史料）。安間村は、この洪水で、戸数四七戸のうち七戸が半壊したが、溺死者はいなかった（下八一八番史料）。しかし、洪水で耕地に石や砂が流れ込み、安間村の全耕地が荒廃したため、年貢は全額免除され、雑税分の米三斗六升一合のみを納入した。そして、一八六九年から一〇年間は年貢が八割免除とされた（下八二一番史料）。

以上、細かい数字を列挙してきたが、ここから幕末の安間村が頻繁に天竜川の洪水に見舞われ、大幅な収穫減・税額減となっていた実態が明らかである。また、天竜川の支川・

安間川の氾濫も安間村に被害を与えた。明善にとって、洪水は自らに直接迫ってくる脅威であり、水防・治水は自身が暮らす郷土を守る切実な課題であった。

### （三）金原家とはどういう家か

まず、金原家の安間村内での経済的な位置を確認するために、同村の階層構成表を示そう（表1）。これは、安間村の住民を、その所持地の石高によってランク分けしたものである。ここには、入作百姓《いりさく》（他村に住み、安間村に土地だけ所持する百姓）や寺社も含まれている。金原家の安間村での所持地の石高は、一八二七年（文政一〇）に五〇石七斗、一八三四年（天保五）に六〇石九斗五升五合五勺、一八四四年（弘化元）に一〇五石三斗九升八合八勺、一八六八年に一一二石二升四合九勺であったから、階層構成表から一見してわかるように、村内では突出した地主であった。他村の所持地も含めると所持地はこの倍以上あったと思われ、その大部分を小作に出していた。

一八七八年（明治一一）の所有財産をみると、全財産六万三五〇〇円余のうち、五三％余の三万三八〇〇円余が土地財産、三六％余の二万三〇〇〇円余が債権の評価額で、残る一割余が住宅・土蔵等の不動産と家具・酒造道具等の動産類であった。土地財産のうち、三万七〇〇〇円余が耕地と宅地、三一〇〇円余が山林であった。耕地と宅地の面積は七二町九反五畝二〇歩で、うち二三町五反四畝二七歩が安間村にあり、そのほかは他村の土地で

| | 1611年 | 1827年 | 1834年 | 1844年 | 1868年 |
|---|---|---|---|---|---|
| 0 | 0戸 | 0戸 | 0戸 | 0戸 | 16戸 |
| 5升未満 | 1 | 0 | 1 | 2 | 0 |
| 5升〜1斗未満 | 9 | 5 | 6 | 6 | 2 |
| 1〜5斗未満 | 17 | 20 | 17 | 20 | 16 |
| 5斗〜1石未満 | 5 | 16 | 15 | 8 | 5 |
| 1〜5石未満 | 18 | 16 | 15 | 14 | 3 |
| 5〜10石未満 | 4 | 7 | 7 | 5 | 1 |
| 10〜15石未満 | 1 | 1 | 0 | 2 | 1 |
| 15〜20石未満 | 1 | 2 | 1 | 1 | 1 |
| 20石以上 | 2 | 1 | 2 | 1 | 1 |
| 合計 | 58 | 68 | 64 | 59 | 46 |

**表１　安間村住民の所持石高別階層構成**
（金原治山治水財団：一九六八ａ）78頁の表を一部改変。

あった。債権のうち、六九二五円余は抵当を取らずに貸した恩恵的な貸金であった。

### （四）金原家の政治的位置

明善の曾祖父・久右衛門《きゅうえもん》は、一七九四年（寛政六）に百姓代になり、一八〇二年（享和二）に組頭になっている。名主については、一八〇四年（文化元）までは茂左衛門《もざえもん》（明善家の本家）が務め、同年から一八二七年（文政一〇）までは隣村・安間新田の七《しち》郎《ろう》左衛門《ざえもん》が兼帯名主を務めた。

そして、一八二八年（文政一一）に明善の祖父・久右衛門が組頭から名主になった。一七八九年（寛政元）と一八一六年（文化一三）の天竜川の洪水のため、久右衛門が名主に就任した時点で、村には検地帳や名寄帳といった基本的な土地台帳がなかった。そのため、村人たちの土地所持関係が不明確になっていたので、久右衛門の名主就任にあたって、あらためて村全体の土地台帳を作り直した。そして、村人たちは、今回各自の所持地を調べて確定したうえは、以後いっさい土地所持関係に関して文句を言わない旨を定めた議定書《ぎじょうしょ》（取り決め書）を、久右衛門に差し出している。このように、久右衛門は、名主就任の初発から、天竜川の洪水の影響を受けつつ職務を行なうことになったのであった（下五六六番史料）。

明善の父・久平《きゅうへい》も名主を務め、領主・松平氏の知行所取締（代官）を兼帯した。久平は質屋・金貸し・酒造、農産物・干鰯《ほしか》（イワシを乾燥させた肥料）・材木の売買等を手がけ、幕末には一時横浜での外国貿易にも携わった。

## （五）明善、名主になる

明善（当時は金原久右衛門と名乗る）は、一八五五年（安政二）閏《うるう》五月に、父・久平の跡を継いで安間村の名主になった（当時二四歳）。一八五七年（安政四）五月には、苗字帯刀御免・中小姓席《ちゅうごしょうせき》を仰せ付けられた（下五八〇番史料）。公的に苗字を名乗り、二本の刀を差すという武士の格式を与えられたのである。なお、久平は、一八五五年以降も安間村にあって知行所取締を勤続した。明善は、一八六八年四月、領主・松平筑後守《ちくごのかみ》から用人格・知行所取締を申し付けられた（上七七五番史料）。

明善は、一八六八年四月に、京都において新政府に、天竜川の水害防御の方策を建言した（上七七五番史料）。次いで同年閏四月一三日に、新政府の役人に宛てて再度建言書を提出している。そこでは、「いにしえの民を治める道においては、治水こそが急務であった」から始まり、先に天竜川の水害防御の方策を建言したのちも連日雨が降り続いているため、再度建言すると述べられている。ただし、建言の具体的内容は不明である（上六五六番史料）。実際、同年五月に洪水が発生したことは前述の通りである。また、一一月一日付の（一八六八年と推定される）、金原久右衛門（明善）から妙香城寺（大久保村の寺院）宛書簡には、「この頃は水防の御用が忙しく、少しの暇もない」とある。

以上から、ⅰ近世の金原家が経済的に有力な家だったこと、ⅱ同家は一九世紀には代々名主を務めて、武士並みの格式を与えられるなど、政治的にも村の中心に位置していたこと、ⅲそうした同家の社会的地位が、明善に村・地域の最重要課題である天竜川治水に対する使命感をもたらし、新政府成立を機に水防策の建言にいたったこと、などがわかる。これらの延長線上に、明治期における明善の水防・治水への取り組みが位置づくのである。

## 三　近世における天竜川の水防・治水

### （一）水防・治水組合の結成

天竜川は遠江国を代表する大河であり、一九世紀には上流から流下・堆積した土砂のために河床が上昇したこともあって、頻繁に氾濫を繰り返した。天竜川は、西岸の中野町と対岸の池田の間で川幅が狭くなる。そのため、増水時には、中野町付近でしばしば破堤が起こった。洪水は西岸に多かったのである。そして、安間村は中野町のすぐ下流にあった。近世から明治期にかけては、平均五、六年に一度、流域のどこかで水害があり、一〇年か二〇年に一度くらいは、遠州平野一帯におよぶ大水害が発生した。

先述したように、流域は非領国地域であったため、個別領主ごとの洪水対応には限界があった。そのため、幕府から普請役《ふしんやく》が派遣され、流域全体の水防・治水対策を指揮するとともに、大災害時には国役普請《くにやくぶしん》（幕府が特定の国に費用を賦課して実施した普請）によって大名・旗本領も含めた復旧が図られた。

流域村々の側でも、協力して水防に当たる事例がみられた。たとえば、一七二二年（享保七）には、匂坂上村《さぎさかかみむら》・中野戸村など天竜川東岸の一三か村が、領主の別を越えて、「天《てん》竜《りゅう》川《がわ》通《どおり》川除《かわよけ》御《ご》普請所《ふしんしょ》堤《つつみ》水防組合《すいぼうくみあい》」（水防のための村々の連合組織）の結成を願い出ている（磐田市：一九九一、五六〇頁）。

治水に関しては、一六九九年（元禄一二）に、天竜川東岸の松本村の堤防を、隣接する高木・堀之内両村も修復費を負担して共同管理することを取り決めている（磐田市：二〇〇九、二五二頁）。

## （二）広域水防組合の結成

そして、一八二七、一八二八両年（文政一〇、一一）の洪水を一つの契機として、一八三一年（天保二）に、幕府普請役犬塚祐一郎（裕市）の命によって、天竜川の下流両岸の全域にわたる広域水防組合が組織された。東岸では「天龍川東縁《ひがしべり》御料《ごりょう》私領《しりょう》川通《かわどおり》内郷《うちごう》水防《すいぼう》組合《くみあい》」（天竜川東岸における、領主の違いや川からの距離の遠近を越えた、村々の共同水防組織）が結成され、全長九九一七間（約一八キロメートル）にわたる堤防の水防を担当した。組合の村数は一〇六か村、村高合計三万一六六石六斗（三万一七二石余ともいう）で、内部は四組に分かれてそれぞれの担当箇所が決められていた（磐田市：二〇〇九）（豊田町：一九九六）。一八六二年（文久二）の構成村は一〇八か村であった（豊田町：一九九一）。

西岸では「天龍川西縁御料私領川通内郷水防組合」がつくられた。担当する堤防の全長は九四二二間（約一七キロメートル）、組合村数は一二〇か村（一一七か村ともいう）で、その村高合計は二万五二一七石二斗であった。内部は上・中・下の三組に分かれてそれぞれの担当箇所が決められていた。一八三一年五月に、同組合から幕府役人に差し出された文書には、「「天龍川通大囲堤《おおかこいづつみ》」は、「東縁西縁《ひがしべりにしべり》幷《ならびに》輪中《わじゅう》（河口部の中州）村々」のいずれにおいても、水防組合村々全体でひと続きの堤防であって、一つの村だけの囲いではなく、いったん破堤すれば組合村々全体が被害を受けることになる。このたび水防組合をお定め下さったうえは、今後組合村々は一つの村同様に心得て、出水の節は全力で水防に努める」と記されている。こうして、増水の際には、領主支配の違いを越えて、流域の村々が人足《にんそく》（労働力）と物資を出し合い、協力して水防に当たることになった。

そして、東岸・西岸の組合とも、それぞれの内部の組ごとに、村役人のなかから、惣代・相惣代《あいそうだい》を選んだ。このとき、安間村名主久右衛門（明善の祖父）は、西岸中組の惣代となっている（静岡県：一九九四、二〇五頁）。さらに、東西両岸の二つの組合と、河口部に位置する掛塚《かけつか》・鶴見両輪中村々との連携についても定められ、それら全体の惣代として、東岸で四人、西岸で四人、掛塚・鶴見輪中で二人の計一〇人を、年番で立てることとされた（浜北市長：一九八九）（浜北市長：一九八八）。この水防組合は、幕末まで活動を継続していたことが確認できる（磐田市：一九九六、五七〇、六三一、六六五、六八二頁）（磐田市：二〇〇九、二六五頁以下）。

一八三一年の広域水防組合の結成については、以下の点が指摘できる。

①非領国地域において、地域の最重要課題の一つである天竜川の水防に関して、支配の違いを越えた村々の連合組織がつくられたことの意義は大きい。その役割の大きさは、この組合が明治期にまで継承されていくことにも示されている。

②この組合は、普請役の指示によって上からつくられたという側面と、具体的な水防の実施に関しては村々が自主的に協議し連携するという自治的側面との両面を併せもっていた。

③この組合は非常時の水防を主要な任務としており、平時の治水への関わりは副次的な

位置づけであった。また、組合成立によっても、村々の経済的負担が軽減されたわけではなかった。さらに、組合が出水時の水防という対症療法的な対応を主眼としていたこともあって、組合結成後も洪水はしばしば発生した。

④組合成立後も、平時の川除普請《かわよけぶしん》（治水工事）は基本的に各村単位で行なわれ（村請《むらうけ》）、組合からは村による普請に不十分な点がないよう見廻りの者を出すにとどまった。

こうした組合成立の意義と限界の両面をおさえておく必要がある。

### （三）治水の面におけるさまざまな取り組み

前項では、組合の性格は水防中心だったと述べたが、組合成立以降は、さまざまなかたちで、治水面においても村々の連携がみられた。そのなかでも特徴的な事例を一つあげておこう（豊岡村：一九九二、一九九五）。

一八六八年六月に、平松村など四か村の水防郷組合《すいぼうごうくみあい》（東岸の川沿い村々の水防組合）と、天竜川の東岸から取水する寺谷用水の井組《いくみ》（農業用水を共同利用する水利組合）村々七四か村との間で議定書が取り交わされた。この議定書は、同年の天竜川の洪水の際に、寺谷用水の取水口が破損して平松村など四か村が被害を受けたことについて、水防郷組合村々から井組村々に対して掛け合った結果結ばれた。

そこでは、四か村の治水費助成のために、金二〇〇〇両を布袋講《ほていこう》（関係者によって結成された金融組織）によって集め、それを四か村に貸し付けることが定められた。この布袋講は、次のような仕組みとされた。①井組の七四か村で四分の三を出金し、残りを水防郷組合四か村および四か村の村役人らが出金する。②集められた二〇〇両は、堤防の長さに比例して四か村が受け取る。③四か村はこの資金を運用して、一〇年間で当初集めた二〇〇両を出金者に返済し、その後は資金運用の利息を用いて堤防の補強を行なう。

すなわち、水防郷組合村々の治水費の一部を、井組村々が布袋講を通じて援助しようというわけである。ここでは、いっとき限りの出金ではなく、関係地域住民の共同出資によって基金をつくり、それを貸し付けて得た利息を治水費に充てることで、治水費を永続的に確保しようという発想がみられる点に注目したい。関係村々の知恵と工夫の産物だといえよう。

### （四）請負という方式

一八三一年の広域水防組合成立の前後を通じて、堤防の普請は、それが御普請《ごふしん》（領主が費用を負担して行なう工事）であれ自普請《じふしん》（村々が自己負担で行なう工事）であれ、基本的には村を単位として村請方式で行なわれたが（一部には村々の共同もみられた）、その一方で請負人による普請が行なわれる場合もあった。

早い例では、一七一六年（享保元）閏二月に、東岸の上野部村の領主であった旗本近藤縫殿助《ぬいのすけ》が、同村における天竜川籠出し《かごだし》（石を詰めた竹籠を川中に張り出して水流を制御する施設）工事に際して、商人から請負人を募って入札を実施している。

また、一七三七年（元文二）四月には、天竜川東岸の岡村の武太夫《ぶだゆう》が、堀之内・松本・岡・西平松四か村の川除御普請（領主が費用を負担する治水工事）で、石詰籠三八六本余を使用する工事を下請けしている。武太夫は、一七三五年（享保二〇）には岡村の組頭を務め、所持地の石高一五石余であった。沿岸村の有力者が、治水工事を請け負っているのである（磐田市：二〇〇九、二〇〇七）。

一七六六年（明和三）には、寺谷村の梅六《うめろく》と久太夫《きゅうだゆう》が、天竜川東岸の匂坂西村《さぎさかにしむら》の堤防普請を、流域二七か村から依頼を受けて請け負っている。また、一八〇七年（文化四）には、池田村の弥六《やろく》が匂坂上村から、同村内の堤防の御普請を請け負っている（名著出版：一九七二）。

一八一九年（文政二）には、浜松藩から藩領村々に、以後は藩が行なう流域の御普請のうち七割を渡瀬村源左衛門《げんざえもん》と金折村市右衛門《いちえもん》に請け負わせ、残る三割を村請にする旨が通達された。これに対して、関係村々は普請のすべてを村請にしてくれるよう再三願い出た。すると、藩側は、全部を藩の御手普請《おてぶしん》（直轄工事）にして、源左衛門と市右衛門を世話掛《せわがかり》にするという強硬な態度に出た。あくまでも請負人主体で工事を実施するという姿勢である。そこで、一八一九年二月に、中瀬村など関係する二五か村が、これを阻止するため、江戸への出訴を想定してその費用負担方法を取り決めている（豊岡村：一九九二）。

以上の事例から、近世の川除普請においては、村請と並んで、請負人による請負方式も採用されたことがわかる。また、村が請け負った普請を請負人に下請けに出す場合もあった。請負人には、沿岸諸村の有力者がなる場合もあれば、他所の商人がなる場合もあった。村側は時には請負人による請負に反対したが、その反対理由としては、利潤目当ての請負人による劣悪な材料の使用と手抜き工事によって堤防の保全が期し難いことや、請負人による工事においては必ずしも地元住民が雇われるわけではないため賃金獲得の機会が減ることなどをあげている。

天竜川から取水する用水路の維持・管理においても、一八世紀には、用水組合村々の村人たちによる自普請に代わって、請負人による普請が行なわれるようになった。寺谷用水では、一七六六年（明和三）から請負人の年季請負が確認できる。寺谷村の梅六は、繰返し請負人になっている（磐田市：一九九一）。

このように、江戸時代の治水は主に請負によって行なわれた。請負には、村が請け負う村請もあれば、特定個人が請負人になる場合もあった。村と請負人は、分担・相互補完しつつ工事を実施することもあれば、どちらが請け負うかをめぐって対立することもあった。いずれにしても、治水は請負抜きには成り立たなかった。そして、金原明善の治河協力社の活動も、静岡県から水防・治水を請け負ったという点で、請負の一形態であった。ここから、明善の活動の前提には、近世における治水のあり方が存在したことがわかる。

## （五）幕末の状況

一九世紀には、広域水防組合の結成にみられるような村々の連合による水防体制の充実という前進面もあったが、それとても堤防工事に関する村々の負担軽減には直結しないという限界があった。また、幕府は、財政難のため、御普請を行なう箇所を限定・縮小したり、御普請の場合でも資材価格や人夫の賃金を低く抑えたりしたので、村々からはそれに異議を唱える訴願がなされた。

一八六五年（慶応元）一二月には、天竜川沿岸の一二一か村から幕府に願書が提出されたが、そこから以下のような幕末期の状況がわかる。一八四四年（弘化元）に、幕府による定式《じょうしき》御普請（幕府によって定期的に行なわれる御普請）が廃止され、以後は「領主自普請」（個別領主による御普請）とされた。

一八五五年（安政二）の大地震以降川床が高くなり、一八六〇年（万延元）の五月と一二月には大洪水が起こって大きな被害が出た。そのため、翌一八六一年（文久元）一〇月には、一三一か村から先年のように定式御普請に戻してほしい旨を願い出た（浜北市：一九七二、四頁）（浜北市長：一九八八、三一〇頁）。なお、安間村は一三一か村のうちに含まれているが、明善は出願の惣代にはなっていない（一八六〇年の洪水で安間村は村高一八三石三斗余のうち一四六石六斗が被害を受けた）。

一三一か村の出願の結果、一八六二年（文久二）から、天竜川流域のうち、中瀬村から中善地村《なかぜんじむら》までの一一か村が、五年間「別廉定式御普請所《べつかどじょうしきごふしんしょ》」（特別に幕府が定期的に普請を行なう箇所）に指定された。こうして幕府による定式御普請が復活したため、以後一八六五年（慶応元）まで、増水はあっても村々は無事であった。そして、一八六六年（慶応二）で五年間の年季が明けるのを前に、一八六五年一二月に沿岸一二一か村から、定式御普請の継続を求める訴願がなされたのである。さいわい、同年一二月にこの訴願は認められた。

このように、一八三一年の広域水防組合結成以降も、必ずしも幕府や大名からは常に十分な財政的手当てがなされたわけではなかった。それに加えて、治水の技術水準が近代以降と比べて低かったこともあって、天竜川流域の村々は洪水を十分抑止できないまま明治期を迎えたのである。明善が水防・治水に尽力する前提には、こうした状況が存在した。

## 四　おわりに――明治初年の明善

本章の最後に、明治初年の状況にふれておきたい。一八六八年（明治元）五月の大洪水のとき、明善は救助活動に奔走し、同年八月頃から始められた復旧工事に際しては新政府に金八〇〇両を献納した。一八六八年八月には、新政府の天竜川水防御用掛り岡本健三郎から堤防御用掛りに任命され、ほかの堤防御用掛りたちとともに、洪水からの復旧作業に当たった。ただ、このときはまだ、明善は複数いる堤防御用掛りの一人という位置づけであった。

一八七一年に、明善は、静岡藩に天竜川堤防修築工事費の一部として、同年から毎年金一〇〇〇両ずつ献納したいと申し出た。同年五月には、静岡藩から、天竜川御普請への献金に対する褒賞として、倅《せがれ》の代まで帯刀を許された（明善自身は、金五〇〇両上納の功により、一八六九年四月に静岡藩から一代苗字帯刀を許されている）。

一八七一年の廃藩置県により浜松県が置かれると、明善は、一八七二年二月に、静岡藩のときと同様、毎年金一〇〇〇両ずつを堤防修築費用として献納したい旨を願い出て認められた。また、浜松県から、一八七二年一月（五月ともいう）に堤防方附属に任命され、同年八月には天竜川修築費用出金に対する褒賞として銀杯を下賜された。さらに、一八七二年一〇月に天竜川御普請専務に任命され、月給六円を支給された。一八七三年二月には、浜松県から天竜川通総取締《てんりゅうがわどおりそうとりしまり》に任命された（上七七五番史料）。

こうして、多額の献金もあって、天竜川の水防・治水における明善の役割はしだいに大きくなっていった。しかし、幕府の倒壊、静岡藩の成立、浜松県の設置という目まぐるしい制度変遷のなかで、長期的展望をもった水防・治水策の実施は困難であった。そこで、彼は、自らが主体となって水防・治水を担うべく、治河協力社を設立するのである。

一方、一八三一年成立の広域水防組合は、明治初年においても活動を継続していた。

一八七四年には、東縁上組の水防惣代が、組合村々に自普請の場所や出すべき人足数を割り当てている。明治初年には、水防組合が、平時の普請においても主導的な役割を果たしているのである（豊田町：二〇〇一）。したがって、治河協力社は、近世以来の水防組合との関係のなかで活動を展開していくことになる。そして、その関係のあり方が、治河協力社の活動の成否を大きく左右した（渡辺：二〇二二）。そこに、近世起源の水防組合の規定性の大きさがみてとれる。

**参考文献**


・『磐田市史　史料編二　近世』（磐田市、一九九一年）
・『磐田市史　史料編五　近世追補（二）』（磐田市、一九九六年）
・『磐田市史　通史編中巻　近世』（磐田市、一九九一年）
・『静岡県磐田郡誌（下）』（復刻版、名著出版、一九七一年）
・『静岡県史　史料編一一　近世三』（静岡県、一九九四年）
・土屋喬雄監修『金原明善』（金原治山治水財団、一九六八年ａ）
・土屋喬雄監修『金原明善　資料　上・下』（金原治山治水財団、一九六八年ｂ）
・『豊岡村史　資料編一　近世』（豊岡村、一九九二年）
・『豊岡村史　通史編』（豊岡村、一九九五年）

・『豊田町誌　資料集　近世編（Ⅱ）』（豊田町、一九九一年）
・『豊田町誌　資料集Ⅵ　近現代編下巻』（豊田町、二〇〇一年）
・『豊田町誌　通史編』（豊田町、一九九六年）
・『浜北市史資料（近世）第一集』（浜北市、一九七二年）
・『浜北市史　浜北と天龍川』（浜北市長、一九八八年）
・『竜洋町史　資料編一　原始・古代・中世・近世』（磐田市、二〇〇七年）
・『竜洋町史　通史編』（磐田市、二〇〇九年）
・渡辺尚志『川と海からみた近世』（塙書房、二〇二二年）

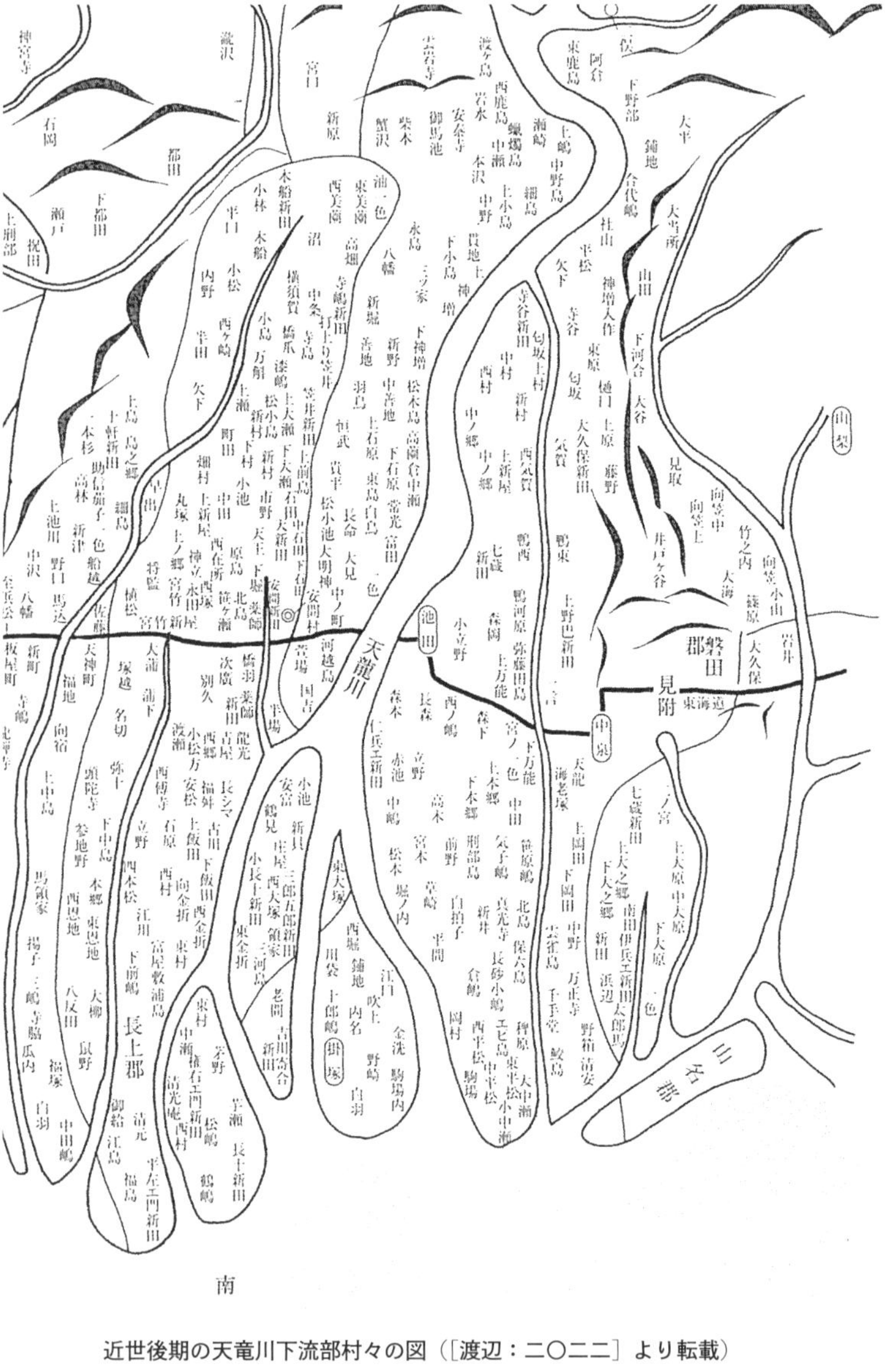


近世後期の天竜川下流部村々の図（［渡辺：二〇二二］より転載）

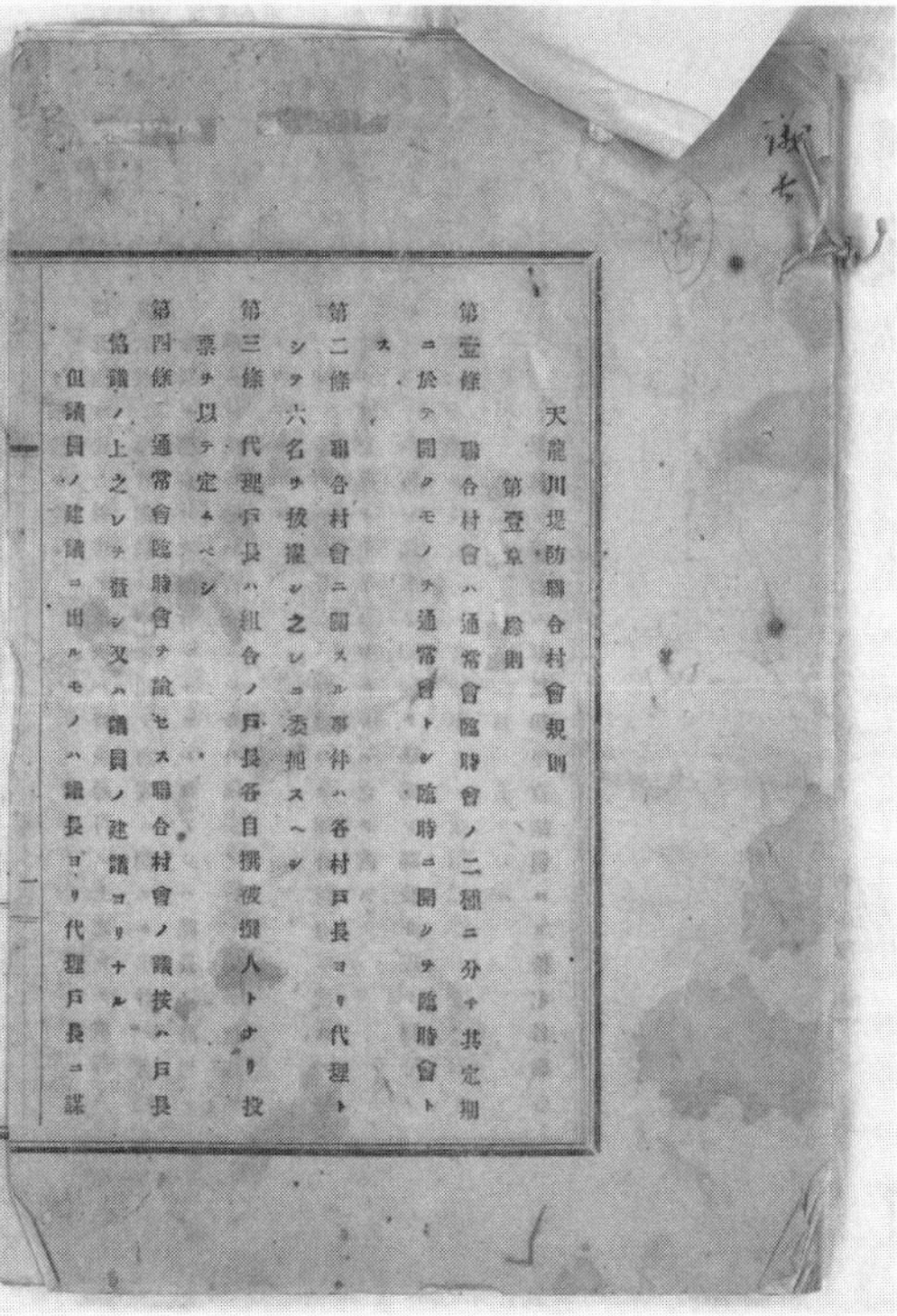

天龍川堤防聯合村會規則
第壹章　總則
第壹條　聯合村會ハ通常會臨時會ノ二種ニ分ナ其定期ニ於テ開クモノヲ通常會トシ臨時ニ開クヲ臨時會トス
第二條　聯合村會ニ關スル事件ハ各村戸長ヨリ代理トシテ六名ヲ抜撰シ之レニ委担スヘシ
第三條　代理戸長ハ組合ノ戸長各自撰被撰人トナリ投票ヲ以テ定ムヘシ
第四條　通常會臨時會ヲ論セス聯合村會ノ議按ハ戸長協議ノ上之レヲ發シ又ハ議員ノ建議ヨリナル
但議員ノ建議ニ出ルモノハ議長ヨリ代理戸長ニ謀

写真：天竜川堤防連合村会規則（一橋大学附属図書館所蔵）

第3章

# 天竜川地域からみた治河協力社

## 「地域」の集団と個人から捉える

伊故海貴則

## 一　はじめに

明治初年の金原明善と天竜川治水に関しては、彼が中心となって結成した治河協力社《ちかきょうりょくしゃ》の分析から、多くの研究蓄積があり、基本的な事実は、ほぼ解明されたといってもよい（主たる研究は、参考文献一覧を参照）。

こうした研究状況に対して筆者が貢献できることは、「地域」を構成する集団のさまざまな関係性のなかに協力社を位置づけることである。先行研究では、明治維新期の地域社会・住民との関係から明善を論じるにあたり、主に天竜川治水の費用負担をめぐる治河協力社（金原明善）と水防組合の対立に注目して、考察が深められてきた。この分析視点における地域集団とは、水防組合という住民共同による水利団体のことに限定されるものといってよい。そのうえで、かかる団体と協力社との対立が議論されてきた。

しかしながら、地域集団は治水事業を行う水利団体に限定されるわけではない。視点をもう少し広くとり、「地域」を住民の生活維持のために住民相互で取り結ばれる「共同性」の領域として捉えた場合、「地域」における諸集団と協力社の関係は単なる対立だけにとどまらないものであった。本章では、天竜川地域における村や同職集団といった多様な集団の相互関係のもとに協力社が存立し、その諸関係のもとで活動を展開したことを考察する。こうした社会関係のなかに、「地域」を政治的ないし経済的に担おうとした金原明善という一人の「主体」の存在を見出したい。そのうえで、協力社や明善が抱えた問題を論じていくことにする。

## 二　明善の治水論

はじめに、金原明善の治水政策に関して検討する（以下、渡辺：二〇二二、二七七〜二八一頁を参照）。一八七一年（明治四）の廃藩置県後に遠江国《とおとうみのくに》を管轄地として成立した浜松県は翌年一〇月、明善を天竜川御普請専務《てんりゅうがわごふしんせんむ》という役職に就けた。同月、明善は「予防水患策序《よぼうすいかんさくじょ》」という自らの治水に関する意見を記したパンフレットを執筆し、県内に頒布した（以下、『金原明善資料上』六七五〜六七六頁）。

「予防水患策序」では、「人民」の協力により水害を防ぐ対策を講じることは当然のことであり、仮に一か所でも水害が発生すれば、河川流域だけでなく遠江国内「一国の人民」にも影響が及ぶとする。そのうえで、これまでは頻発する出水に手を焼いてきたが、以後はみなが心を合わせて「衆心一致《しゅうしんいっち》」による水害対策に取り組むべきと論じた。

その具体策として、明善は中洲に積った砂石を取り除き、その砂石を使用して新たに高さのある堤防を築造すること、堤防に植物を植えて頑丈にすることを提示した。この堤防建設により川底が深くなり、水の流れも良くなることで出水被害が減ると説く。

そして、自らの政策案は「私利《しり》」から生まれたのではなく「公論《こうろん》」から発したものであり、官の許可を得て「一致合力《いっちごうりき》」によって実現させるべきものとして、昨年から県庁に寄付した千両を堤防建設の費用にあてるので、自らと志を同じくする者は力を合わせて事業の成就に協力してほしいと訴えた。この時期の明善は地域住民内の有志の協力を通じて、自らの「公論」である堤防建設を実現しようと試みていたのである。

以上の政策を実現するために、明善は一八七三年（明治六）二月、浜松県令《はままつけんれい》（各県の長官で中央から派遣された）の林厚徳《はやしあつのり》に対して天竜川堤防を自費で普請することを願い出た。願書には「自分之修補《じぶんのしゅうほ》」、つまり自らの主導で工事すべき箇所を選定し、県庁官員の検査を受けたうえで工事を実施したいと要望した。また修繕費用と修繕作業については、自らの寄付だけでなく住民内からも政策に助力してくれる者が現れるだろうとして、住民の協力を引き出せる状況にあると楽観的に展望した。

この願書は浜松県から大蔵省《おおくらしょう》に提出されたのち、自費による堤防修繕が許可されることになった（『金原明善資料上』三二二頁）。財政基盤がぜい弱であった維新政権にとって、地域有力者の自発的な申し出による自費での治水政策を拒否する理由はなかった。明治ゼロ年代における地域社会運営や、それに伴う地域社会の変容は、近世以来その地域の統治を掌ってきた地域有力者の手によって進められていく側面もあったといえよう（この問題は維新政権の性格規定にも関わる論点であるが、本章では深く立ち入らない）。

こうした明善の政策論をふまえ、一八七四年（明治七）六月に天竜川通堤防会社《てんりゅうがわどおりていぼうがいしゃ》が結成され、明善は社長となった。堤防会社は中野町《なかのまち》村の堤防上に置かれてきた旧普請役詰所《きゅうふしんやくつめしょ》に事務所を構えた。会社は川幅を整えて流れを直線にし、両岸に岩石を積み上げ、堤防を築造する「岩積法《いわづみほう》」という工法を実施するために設立されたものであった。その後、翌年四月に内務省の指令に基づき、社名を治河協力社へと改め、明善は同月に総裁、一〇月に天竜川堤防取締役《ていぼうとりしまりやく》となった。こうして治水事業を担う「結社《けっしゃ》」としての協力社が生まれた。

もっとも「結社」による治水・利水事業は協力社特有のものではないことにも留意したい。後述するように、協力社の運営をめぐり明善への批判を展開した豊田郡中善地村《とよだぐんなかぜんじ》の松《まっ》島吉平《しまきっぺい》は、一八八二年（明治一五）に天竜川に新規の橋梁（豊田橋）を建設するべく、有志と豊田社《とよだしゃ》を結社した。何らかの事業を有志による結社によって成し遂げようとすることは、協力社に批判的な人物においても採られていたのである（『豊田町誌　資料編Ⅵ近現代編下巻』五七七～五九一頁）。

それでは、なぜ協力社は地域住民から批判を受けたのか。この問題は、明善が地域住民の協力を通じた協力社運営を次第に転換させ、明善の独善的な運営体制を形成したことが原因とされてきた。筆者もこの見解に異論はないが、以下、本章では地域における合意形成と「共同性」の構築という視座から対立に至る過程を検討していきたい。

ここからは、治河協力社と村の関係について論じたい。一八七五年（明治八）一月一五日、浜松県は「浜松県《はままつけん》布達《ふたつ》第七号《だいななごう》」を達した（以下、「浜松県布達第七号」ｆｈａ一六―七）。内容は、これまで村々が請け負ってきた堤防修繕についての「改正規則」である。

「改正規則」は、堤防の決壊は一村にとどまらず流域各村にも被害をもたらすため、流域各村は修繕と水防に従事すべきと説く。そのうえで流域各村が申し合わせのうえ、年番一人を置き、人足《にんそく》等の触れ出し・賃金の徴収といった堤防修繕に関わる事務を執り行うこと、堤防修繕の目論見帳《もくろみちょう》は該当地域の戸長《こちょう》（村ごとに選出される役人であり、村の代表者）と年番戸長に提出すること、毎年二月に流域各村は反別《たんべつ》一〇町歩につき、人足五〇人の賃金を出水の有無にかかわらず納めること、水害被害の取調に関する雛形の提示などを掲示した。

このように浜松県は堤防会社成立以降も、堤防修繕などの普請は村々を通じて行うべきだと達したのである。実際に、豊田郡二俣《ふたまた》村では村内の堤防一三八間内で破損した箇所について村内一同で協議した結果、「自費」（費用総額八一円七厘一毛）によって修繕することを取り決め、戸長副戸長の署名で浜松県令に願い出ている（「堤防自普請請届《ていぼうじふしんうけとどけ》」『天竜市史　史料編七』七五九頁）。

二俣村では、一八七七年（明治一〇）九月にも「一村協議《いっそんきょうぎ》」のうえ、天竜川の普請を従来通り「村受《むらうけ》」によって行いたい旨を取り決め、戸長と村民の代表である小前惣代《こまえそうだい》の署名捺印を付して静岡県令に提出した。この上申は聞き届けられることになった（「天竜川通リ御普請《ごふしん》仕立方《したてかた》之《の》儀《ぎ》ニ付上申《つきじょうしん》」『天竜市史　史料編七』七六〇頁）。

他方、豊田郡鹿島《かじま》村は同年九月一九日、従来まで「村受」で実施してきた天竜川普請について「一村協議」の結果、今後五年間は治河協力社に依頼することを小前惣代と戸長の署名捺印を付して静岡県令に上申した（「天竜川通御普請仕立方之義ニ付上申」『天竜市史　史料編七』七五九～七六〇頁）。

近世の村請制《むらうけせい》が解体されていない当時において、天竜川普請を協力社に依頼するか否かの判断は村に委ねられた。県庁もこうした性質の村と協力社の関係にメスを入れることはなかったのである。

そのなかで、村が協力社を利用して自村の利益を追求する試みも生じた。

一八七六年（明治九）一二月、地租改正に際し、長上郡《ながかみぐん》都盛《つもり》村・大柳《おおやぎ》村・敷知郡《ふちぐん》上中嶋村・揚子《ようず》村・豊田郡豊岡《とよおか》村・掛塚《かけつか》村・小立野《こだての》村・笹原島《ささはらじま》村・加茂西《かもにし》村の戸長が浜松県令に宛てて提出した「歎願書」は、村民が毎年のように発生する天竜川の水害に流域人民の「自費」をもって対応し、奔走した結果、費用が重なったこと、いく度となく土地が浸水し、農業生産力が低下したことを訴える。そのうえで地租改正による土地の収穫量調査によって地価が高く設定されると、地租の負担が増加して「水害予備」の費用を捻出できなくなるとする。その場合は水害予防も疎かになり、水害を招き、「流域皆無ノ地《りゅういきかいむち》」になってしまうと説く。そして、こうした事態を回避し、地租負担と水害予防による生産維持を両立して飢餓を免れることができるよう県令の寛大な処置を要請した。

願書は各村の戸長が連印したうえで、協力社の取締・社長・副社長・幹事の四名が奥印を付し、一同で懇願すると記して提出された（『金原明善資料下』四三二〜四三三頁）。

ここからは、天竜川流域の各村が租税負担の減少を試みるべく協力社に協力を依頼し、協力社も奥印をもって応えたことがうかがえる。村が自村の利害のために、協力社を利用したことがわかる。協力社・明善と村々の関係については、協力社への寄付金を渋る村と寄付を求める明善の間で次第に対立が生じていくことが描かれてきた。この見解に異論はないが、実際には村が協力社を利用するなど、両者は単に対立していたわけではなく、利用し利用される関係にあったことが推測できよう。

## 四　同職団体との関係——材木商会を事例に

さて、堤防会社・治河協力社では設立当初から明善が期待していた村々からの寄付金が思うように集まらず、事業の停滞と存続危機に直面していた。この事態をうけ、明善は内務省《ないむしょう》からの補助金獲得等に奔走していくことになるわけだが、本節では地域の団体との関係から、以下の二点に注目したい。

一点目は材木商会からの寄付金の獲得である（以下、『天竜市史　下巻』四七八～四八〇・四九五～四九七頁を参照）。天竜川の木材商人の多くは、掛塚湊《かけつかみなと》の回船問屋《かいせんどんや》を兼業としていた。回船問屋は一二軒あまりで、天竜川の木材はすべて掛塚湊を経由して各地に輸送されることから、木材の海上輸送はすべてこれらの回船問屋が独占した。

また回船問屋は回船組合を組織した。明治に入り、東京の都市建設による木材需要が高まると、近世より江戸との木材取引のあった天竜川地域では木材業者が増加し、一時一四〇名を超えることになった。そのなかで、一八七四年（明治七）に業者の組織化が浜松県を中心に進められ、天竜川材木商会が設立された。材木商会の主な業務は、流失した材木の調査・材木の運搬設備、運賃に関する協定・材木輸出に関わる海上運賃の協定であった。また、これらの業務を組織的に実施するべく、小区（廃藩置県後に導入された大区小《だいくしょう》区制《くせい》に基づく行政区画）ごとに総代人《そうだいにん》一名、業者全体から一名の「天竜川材木商人総代」を選出し、会長業務を担わせた。

そして、材木商会は堤防会社との間に「流失材木取扱に関する取締方法及舟筏流下に関する除外方法」を契約した。

明善は、岩積法による堤防建築を実行するための費用を求めていた。一方、材木商会にとっても岩積法が行われれば、川底が深くなり、舟やいかだの安全な運行に資することや堤防会社に流失した材木の保護を引き受けてもらえることなどから、堤防会社との間に上記の契約を結んだと考えられる。この契約は、近世まで材木商人は流下する木材の現物一〇分の一を「分一税《ぶいちぜい》」として納めていた慣例にならい、流下材木とそのほかの貨物に対する原価の百分の一を岩積法に関わる費用の賦課金として徴収することを定めたものである。この賦課金が寄付金として扱われた。

材木商会との契約締結を受けて、堤防会社は流域の村々との間に、流材保護に関する契約を結ぶ請書《うけしょ》を取り交わした。流材保護は堤防会社単独ではなし得ず、引き揚げや調査などにおいて川辺村々の協力が不可欠だからである。

一例として、一一月一六日に豊田郡匂坂西《さぎさかにし》村・中《なか》村・上《かみ》村・寺谷《てらだに》村・寺谷新田《てらだにしんでん》・欠下《かけした》村・平松《ひらまつ》村との間で交わした請書を掲げる。請書には、出水の際には各村の戸長が人足を引き連れて流材の引き揚げを行うこと、流材の数と大きさを調べ、堤防会社に報告すること、引き揚げ手数料一本につき六銭を受け取り、堤防会社に渡すことなどが記された（『豊田町誌　資料編VI近現代編下巻』六〇二〜六〇三頁）。村々と堤防会社、材木商会の相互関係がうかがえる。

しかし、材木商会からの寄付金徴収は円滑になされたわけではなかった。取立世話人《とりたてせわにん》の横山村鈴木《すずき》証平《しょうへい》の書簡には、寄付金提出の日延願《ひのべねがい》が確認できる（『金原明善資料下』三六頁）。また材木商会の鹿島西組《かじまにしぐみ》から協力社出張所に宛てた翌年一二月三一日付の書簡には、協力社から寄付金の提出を求められたものの、荷主から預かり次第、提出することになるため、迅速な対応はできないという返答が記されている（『金原明善資料下』三六～三七頁）。

こうしたなか一八七七年（明治一〇）に至ると、材木商会から寄付金の廃止を求める動きが生じた。七月一七日、材木商会は副長と社長代理の名で「治河協力社寄附金廃シ願」を提出した。願書には岩積法に基づく堤防建築の実現という協力社の志に賛成して寄付金を渡してきたが、工事は一向に進展せず、流材保護も実効性が無い状態が続いている。そもそも材木商会は、実際には有名無実の会社であって解社したほうがよい。また流材処分方法については、一八七五年（明治八）四月に「太政官《だじょうかん》第六十六号」（内国難破船漂流物取扱規則）が布告され、各府県で統一の規則が生まれたほか、翌年一二月二一日には「太政官第百十七号」をもって浦役場《うらやくば》設置が定められたため、完全なる保護法が成立した。以上をふまえると、岩積法による堤防新築は実効性が乏しいので、今後は協力社へ寄付する理由はないと記された（『天竜市史　史料編七』七六〇～七六一頁）。政府の法整備を根拠としながらも、一向に堤防新築を実施しない協力社への批判から寄付金廃止を提示したということがわかる。

以上の材木商会からの寄付金廃止願を受け、協力社は再度、材木商会と協議を行い、一八七七年（明治一〇）九月に「再約書」を取り交わすことに決定した。「再約書」の前書きには両社の協議が行き届かず、その度に県庁へ出願した末に、第十一大区の区長と戸長らの仲介のもと、両社の代表が談判して再約書を締結したことが述べられている。

再約書の主な内容は、①流材原価の二百分の一を同年九月から五年間、堤防資本として協力社へ寄付すること。②保護した流材は流域各村から協力社へ差し出すこととされてきたが、以後はこれに加えて浦役人を任命し、警察署でも取り締まりを行うこと。③毎年一月に県庁へ寄付金を提出した人名を報告して賞典を与えてもらうこと。④西鹿島村の「川下ケ諸荷物分一取纏所《かわさげしょにもつぶいちとりまとめしょ》」には、これまで協力社の社員が出張して事務を行ってきたが、両社協議のうえ以後は山方の各小区から「実直之者《じっちょくのもの》」を「公選」して事務を担当させることの四点である（『豊田町誌　資料編Ⅵ近現代編下巻』六五五〜六五六頁）。

小区を単位に公選による事務担当者を選出する規定を設けるなど、両社の関係は地域の団体を巻き込んだものになったことがうかがえる。ここでは区戸長という地域の代表の仲介によって、両社の関係改善が試みられたことが示唆されていることを指摘しておきたい。

しかし、それでも流材の保護は必ずしもうまくいったわけではなかった。流材の保護には村々の協力が不可欠であり、村々の態度如何で成否が左右される側面があったからである。例えば、同年一〇月二三日に明善が静岡県令に宛てた伺書によれば、半場《はんば》村は流材保護に非協力的であり、協力社が流材保護と埋木の設置への協力を再三、説諭してきたものの、一村をあげて従わないことが指摘されている（『金原明善資料上』三三七頁）。ここから、当時の村が協力社の円滑な運営を行ううえでの重要性が示唆される。協力社は直接間接を問わず、村の協力がなくては事業を展開することが極めて困難な団体であった（なお、協力社の社員が十数名程度という少数であったことにも留意されたい。少数の有志からなる「結社」であった協力社の特質からみても、堤防建設や流材保護といった天竜川流域の広範囲にわたる事業の実行は社員だけでは不可能であった。以上は渡辺尚志氏のご教示による）。

## 五　広域地域団体（小区）との関係

二点目は、小区という広域地域団体を通じた資金獲得の動きである。

前述のように、協力社は村々や材木商会からの寄付金や事業への協力を十分に引き出せていなかった。この事態に協力社は一八七六年（明治九）七月、西洋の「バンク」にならい、寄付金に利子を付けて積み立てることを定めた「預リ金積立規則」を公布することで、地域からの出資を得ようと試みた。「預リ金積立規則」では、天竜川の水害を克服するべく「有志」によって設立した協力社の財源が不足している状況を説明した。そのうえで本来、水害の予防は貧富や老若男女を問わず、「同心協力《どうしんきょうりょく》」すべき事業であり、「人民」の「義務」であるとして「義務金」の提供を通じた協力社への支援を訴えた（『金原明善資料下』四三〇頁）。

しかし、規則の公布後も資金は集まらず、状況は好転しなかった。そこで協力社は各小区を単位に、村々を協力社の指揮系統に組み込むことにより、地域からの出資金を安定して確保する体制を構築することを模索し始めた。これが協力社と村々の対立を引き起こす直接の原因となった。

同年末、明善は浜松県合併後の静岡県の議事組織である静岡県会の議員に選出された。その際、天竜川流域から選出された議員に諮り、各小区で一名を協力社の社員に選出すること、社内に水防委員会を新設して改修事業の協議を行う場とすることに決めた（土屋‥一九六八）。

実際に翌年一月二〇日、第十二大区三小区扱所（小区の事務を行う役所）では一名の社員を選出するべく、区内で投票を実施し、篠ケ瀬《ささせ》村の篠ケ瀬陽一郎が選出されたことを、扱所印を付したうえで協力社に報告している（「社員投票在中」『金原明善資料下』四三三〜四三四頁）。

各区との関係を強化するにあたり、協力社では同年六月、新たに「水防規則」を作成した。「水防規則」は、協力社員と天竜川流域の各区長が稟議し、氾濫の際は水下人民のために「偏見私利ノ弊」を廃し、「公明正大ノ心」をもって堤防に駆け付け、人夫《にんぷ》を指揮することを打ち出した。そのほか第一条で、堤防保護のために各区内で担当箇所を決めること、一五戸以上〜三〇戸以下を単位に組合を作成し、氾濫の際は組長らが担当箇所に赴き、協力社の水防差配人《すいぼうさはいにん》に指図を受けることを規定した。また第五条では、一五歳以上〜六〇歳以下の男性を水防人夫とみなし、堤防の保護に従事させること、第六条では、協力社社員は区戸長と協議のうえ水防差配人と称すること、水防差配人が通達する指令は区戸長を含め区内住人一同従うことを規定した（『金原明善資料下』四三四〜四三五頁）。

こうした協力社と各区の関係強化が図られるなかで、第十一大区内の小区会（小区単位で設立された議事機関）では「小区議員を改選する議案」とともに、「村用係職務更正議案」と「天竜川洪水見廻リ担当人選挙」という議案が審議された（『豊田町誌　資料編Ⅵ近現代編上巻』九八〜一〇一頁）。

なお、この議案は年代不明とされているが、恐らくは一八七八年（明治一一）一月の第十一大区会（大区単位で設立された議事機関）開催に関連して、小区会で審議された議案だと考えられる。

遠江国地域では、一八七六年（明治九）九月に浜松県が静岡県に合併された。その後、翌年一月に大区を管轄する役職である大区長《だいくちょう》が設けられ、浜松県第三大区に該当する地域が静岡県第一〇大区、第二大区が第一一大区、第一大区が第一二大区となった。これを受け、浜松県民会（浜松県で開設された県規模の議事組織）を継承する遠江国州会《とおとうみのくにしゅうかい》は規則を変更し、五月三一日、「静岡県会議章程」に準じた「大小区会及州会議員改選法」を制定した。また同時に「県会議員選挙法」を達した。そして六月に第十大区会（旧浜松県第三大区）、一八七八年（明治一一）一月に第十一大区会（旧第二大区）、四月に第十二大区会（旧第三大区）を開催した（伊故海：二〇二二）。

以上をふまえたうえで「小区議員を改選する議案」をみると、第一条に「客年一月」（昨年一月）に従来の小区運営を変更する旨が県から達せられたこと、第四条に大区会議員を小区会議員から一名選挙することが示されていることが確認できる（『豊田町誌　資料編VI近現代編上巻』九八～一〇〇頁）。以上が年代推定の根拠である。

さて「村用係職務更正議案」では、村内の事務に従事する村用掛の職務の一つに、洪水の際は村内の人夫を繰り出し、現場で防御に取り組むことが定められた（『豊田町誌　資料編VI近現代編上巻』一〇〇頁）。村単位での水防への取り組みを小区内で統一しようとする議案であることがわかる。

また「天竜川洪水見廻リ担当人選挙」は、川付の村々で「天竜川暴水区内見廻リ担当人」を計三名選挙すること、担当人の給料は年二円五〇銭とし、小区内で地価と反別から徴収することとした（『豊田町誌　資料編VI近現代編上巻』一〇一頁）。一部の小区では、協力社が小区を自身の指揮系統に組み込み、関係強化を試みるなかで水防政策が立案されたといえよう。

ただし、小区は協力社に対して全面的に協力的な姿勢を示したわけではなかった。明善による協力社運営のあり方を批判したことで知られる第十二大区二十九小区会議長の松島吉平は、一八七七年（明治一〇）六月一四日、協力社に対し、丈夫人足《じょうぶにんそく》の徴集を田植えや稲刈など農作物生産の繁忙期である春と秋に行わないことを求める提言を行った（『浜松市史　新編史料編二』二二三頁）。

松島は翌年にも協力社の社員を各小区で公選して選出している以上、協力社は流域各村の公共的な会社であるとして、明善の私的組織としての性格を否定、会社の会計の透明性を求める会議案を提出した（伴野：二〇一六、三五二頁を参照）。ここに、協力社は地域共有の公的な組織なのか、明善の私的組織なのか、その性格をめぐる論争が生まれた（その詳細な過程は、同右伴野論文のほか、斎藤：一九九九を参照）。

一方の明善もこうした批判に対抗し、一八八一年（明治一四）一〇月三一日に「治河協力社規則」（渡辺：二〇二二、二九六～二九七頁）を改定し、「治河協力社緒言」と「治河協力社規則」、「治河協力社事務章程」を作成した。

「緒言」では冒頭、協力社は明善の「篤志《とくし》」をもって天竜川改修のために設立した「篤《とく》行《ぎょう》ノ義社《ぎしゃ》」であり、私益の実現のための組織ではないと断言した。そのうえで堤防会社設立以来、資金に乏しかった実情を述べ、事態打開のために、県会開設にあたって流域選出の県会議員に諮り、各小区から公選の社員を選出して事務にあたらせること、毎年若干の寄付金を拠出することを約束したと主張する。しかし、以上の約束は履行されず、状況も改善されないため、明善は他人に頼るべきではないと覚悟し、各区の委員を解散して自ら「篤志ノ士」を選び、県庁の許可を得て河川改修（一八八一年に堤防工事は県の直轄となり、協力社の事業は河川改修のみとなった）を実施することに決めたと宣言した（『金原明善資料下』四五四頁）。

続く「規則」では、資金運用の決定は社長である明善の専権事項と規定するなど、明善に権限を集中させる内容が示された（『金原明善資料下』四五五～四五八頁）。

協力社が、明善のリーダーシップが全面に出た組織へと変容したことがうかがえる。「緒言」で述べられているように、以前までは小区から社員や寄付を提供してもらうことで事業を進めることを志向していた明善であったが、社員の選出や寄付金の提供は明善が想定したほど進まなかった。その結果、明善は約束が果たされることはないと認識するに至り、地域からの協力を待っていては一向に事業が進められないと判断し、独断による事業のスピード化を試みるべく、協力社の性質を変容させたともいえよう。協力社は明善個人の考えだけでなく、地域との関係により、明善のワンマン団体と化した側面があったのである。

## 六　水防組合の形成へ

治河協力社をめぐる公私の論争のさなか、天竜川治水に関する新たな地域団体を結成する機運が地域社会に生まれた（以下、とくに断りがない記述は、『天竜川水防誌』一〇～一三頁を参照）。一八七九年（明治一二）九月、一八三一年（天保二）成立の東縁《ひがしべり》水防組合では、組合八七ケ村の戸長が森下村興徳寺《もりしたむらこうとくじ》に集会し、組合村々で構成する連合村会の開設を議決した。こうして新たに成立した東縁堤防組合は、連合会議員・役員の選挙方法と議事規則を制定し、一八八一年（明治一四）に「堤防保護方法」を可決した。組合は水防人夫の招集権や人足賦課方法の議決権を持った。人足は各村単位で賦課された。また施行者は組合内戸長から二名の戸長惣代、事務担任者は連合会議員から四名の惣代を公選した。西縁《にしべり》水防組合でも同様の組織化が進められた（「天竜川西縁堤防保護方法」『浜松市史　新編史料編二』二三五～二五四頁）。

同年八月、県は「甲第百十三号」を達して治水委員設置を命じた（『静岡県史　資料編一七』九八～九九頁）。これを受け、流域組合の整備が進められることになった。同年一一月、流域各村の連合治水委員が設置されることになり、東縁堤防組合は甲組、西縁堤防組合は乙組を構成した。あわせて連合会の整備が進められ、連合会議員は各組の連合会議員の複選とされた。

次いで一八八五年（明治一八）一〇月七日、東西両縁連合村会は「天竜川治水委員設置方法」を議決した（以下、「久野家文書」：六〇一五―二―g二二）。その第一条では、天竜川流域敷知・長上・豊田・山名四郡二三七ヶ村で治水委員を設け、豊田郡渡ヶ島《わたがしま》村以南、掛塚村までの堤防建築・修繕（第一項）や、非常時の水防（第二項）、材木商人との契約履行（第三項）、旧治河協力社から引き継いだ天竜川橋の管理（第四項）、堤塘《ていとう》の竹木繁殖（第五項）、諸般に関する事務（第六項）に従事することなどを職務として規定した。

第二条・第三条では、天竜川治水事務所を豊田郡池田村・中野町村の二箇所に設けて毎年本支を交代すること、第四条では、流域村々を甲部（豊田郡ほか七九ヶ村）、乙部（長上郡ほか一一七ヶ町村）、丙部（長上郡一三ヶ村）、丁部（豊田郡二四ヶ村）に分け、甲乙から各三名、丙丁から各一名の治水委員を選出すること、第五条で選出にあたっては水利土功会《すいりどこうかい》議員を選挙人とすることが定められた。そして第十一条以下では治水委員の月給や旅費支給に関する規定が設けられた。

また同規定と並行して、組合設立以来の運営資金である「共有金」の取り扱い方法に関わる「天竜川流域内共有金保護方法」を作成し、共有金の維持や出納簿の管理を担当する保管人に関する規則を定めた（同右「久野家文書」）。これら一連の法整備を通じて、天竜川治水を担う新たな地域団体が形成されていった。

この地域団体は、一八八二年（明治一五）に材木商人惣代との間で流材取扱に関する契約を結んだ。契約では治水委員が流域村々に対して、流材保護に務めるよう指導すること、見廻りを行い、窃盗が生じた場合は材木商人惣代に通知のうえ、所轄の警察署に届け出ること、材木商人は五年間、川下げ品目に応じた「分金《ぶんきん》」を堤防費として寄付すること、便宜の地に会所を設けることなどが取り交わされた（『浜松市史　新編史料編二』五〇七～五〇九頁）。こうして組合と材木商人との関係が新たに構築されることになった。

以上のように、当該期は近世以来の水防組合を基盤とした新たな地域団体が形成され始めた。協力社をめぐる公私の論争は、かかる地域団体との対立として展開された。この対立について、一八八四年（明治一七）三月二九日付の『静岡大務《たいむ》新聞』は「紛議」と題し、協力社は明善が発起人となり、天竜川流域の村々が「協同」で設立したにもかかわらず、その後、明善が自らの「私立社」であると主張したことで、一八七九年（明治一二）頃より、水下村々との間で紛議が生じたとする。そして、この事態を受けて県庁と郡長（各郡や複数の郡を管轄するべく設置された郡役所の長官）が仲裁を試みたものの、紛議は一向に解消されなかったこと、そのなかで、今年になって東西両縁連合村会が調査委員を選出して、協力社の沿革と協力社が所有する天竜川橋の買い入れに関する調査に乗り出し、県官との面談を行っていると報じた。実際に連合村会では、五月二七日付で県庁から諮問があったことの報告と諮問への答申が審議されている（前掲「久野家文書」）。

こうした協力社と組合の対立は翌年に解消された。一月二五日、沿革調査委員は協力社に対する寄付金（二七四七円）と同社所有の天竜橋を流域組合が引き受けることで、協力社との対立を解消する「承諾書」を県庁と磐田豊田山名郡長に対して提出した（『金原明善資料下』四八一～四八二頁）。これを受け、三月三一日に明善も「示談証」を取り交わした（同右、四八三頁）。こうして協力社は解散した。

ただし、その後において、明善は組合との関係を一切構築しなかったわけではない。流域組合の事務所は当初、池田村大橋弥平《おおはしやへい》の住宅を借りていたが、次第に新築の必要性が浮上した。そのなかで一八八七年（明治二〇）に、明善が中野町村堤上の元協力社事務所を組合に寄付して、治水委員詰所として使用できるようになったことで、新築の必要性は解決された。明善は事務所の寄付などを通じて、流域組合の活動を支えようとしたともいえるのである（『天竜川水防誌』一三頁）。

## 七　おわりに

「地域」のさまざまな集団の関係性における治河協力社（明善）の位置づけについて、渡辺尚志は明善の治水事業における「流域住民（流域組合村々）への依存と、そこからの自立志向とが併存しており、地域社会と地域指導者（明善）との複雑な関係」（渡辺：二〇二二、三〇七頁）を描き出した。ここでの依存関係は組合と協力社に限定されたものである。

しかし、天竜川流域地域には材木商会、流域村々、そして協力社の多様な社会関係が存在した。最終的には対立の末に頓挫したものの、明善の治水事業はこれら諸集団の相互関係のなかで展開されたものでもあった。諸個人の生産と生活維持に寄与する「地域」の「共同性」を形作る基底には、こうしたさまざまな集団の相互関係が存在した。その限りにおいて、明善もまた「地域」の生活維持と発展を目指した「主体」なのである。

## 参考文献

・伊故海貴則『明治維新と〈公議〉議会・多数決・一致』（吉川弘文館、二〇二二年）
・色川大吉『自由民権』（岩波書店、一九八一年）
・斎藤新「金原明善」「松島吉平」（静岡県近代史研究会編『近代静岡の先駆者』静岡新聞社、一九九九年）
・土屋喬雄監修『金原明善』（金原治山治水財団、一九六八年）
・伴野文亮「金原明善の天竜川治水構想と地域社会」（渡辺尚志編『移行期の東海地域史』勉誠出版、二〇一六年）
・原口清『明治前期地方政治史研究　上・下』（塙書房、一九七二年・一九七四年）
・松沢裕作『自由民権運動』（岩波書店、二〇一六年）
・三村昌司『日本近代社会形成史』（東京大学出版会、二〇二一年）
・山下琢巳『水害常襲地域の近世～近代』（古今書院、二〇一五年）
・渡辺隆喜『明治国家形成と地方自治』（吉川弘文館、二〇〇一年）
・渡辺尚志「利水と治水からみた明治維新」（『歴史学研究』九九〇号、二〇一九年）
・同「金原明善と天竜川の水防・治水」（『静岡県地域史研究』一〇号、二〇二〇年。のち『川と海からみた近世』塙書房、二〇二二年に再録）

## 参考史料

・静岡県編『静岡県史　資料編一七』（一九九〇年）
・土屋喬雄監修『金原明善　資料　上・下』（金原治山治水財団、一九六八年）
・天竜市役所編『天竜市史　史料編七』（一九八四年）
・天竜市役所編『天竜市史　下巻』（一九八八年）
・天竜川東縁水防組合編『天竜川水防誌』（天竜川東縁水防組合、一九三八年）
・豊田町誌編さん委員会編『豊田町誌　資料編Ⅵ近現代編上巻』（二〇〇一年）
・豊田町誌編さん委員会編『豊田町誌　資料編Ⅵ近現代編下巻』（二〇〇一年）
・浜松市編『浜松市史　新編史料編二』（二〇〇二年）
・静岡県歴史文化情報センター所蔵「浜松県布達第七号」fha一六—七
・静岡県歴史文化情報センター提供・久野隆國氏所蔵「久野家文書」一六〇一五—二—g二一
・静岡県歴史文化情報センター所蔵『静岡大務新聞』

写真：金原銀行社屋（金原明善記念館所蔵）

第4章

# 銀行家としての金原明善

## 東里為換店の経営実態からせまる

棚井　仁

## 一　はじめに

金原明善は、天竜川における治水の取り組み、金融業や製材業などの各種事業会社の経営など、多方面にわたって活躍した業績により、国家から褒章されたほか、生前に伝記が刊行され、さらにその死後においては偉人として顕彰された（伴野：二〇二〇）。そして、今日でも静岡県浜松地域においては、知らない人はいないと言われるほど、「郷土の偉人」として周知されている（渡辺：二〇二〇）。

本章に与えられた課題は、こうして歴史的に形成されてきた金原明善像について、金原明善自身が経営した東里為換店《とうりかわせてん》（東里為替店は一八九〇年［明治二三］頃に東里為換店へと改称されたとされるが、本章では東里為換店と表記を統一する）という銀行の経営実態から検討することである。

金原明善が東里為換店を経営するようになる契機は、治河協力社《ちかきょうりょくしゃ》の解散直前の時期における同社の預金先が、丸家銀行（現在の丸善の金融部門）であったことに端を発する。一八八四年（明治一七）四月、その丸家銀行は経営が悪化したことで支払い停止へと追い込まれる。その直後、同年六～七月にかけて、株主らによる会合が開催され、その過程で債権を保全する目的で東里為換店が設立された。明善はこうした動きの渦中にいたが、一八八五年五月にはほかの株主らの勧めもあって、東里為換店は明善の個人経営となる（この時の資本金は七万円）。

その後、東里為換店は、一九〇〇年（明治三三）に明善の隠居にともなう家督相続および事業の継承に合わせて、合名会社金原銀行へと改称される（合名会社期の資本金は一貫して一〇万円）。さらに一九一七年（大正六）には、株式会社金原銀行へと改組された後、東京市内を中心に支店網（一九三二年［昭和七］の最大時には五支店・六出張所）を形成し、一九四〇年（昭和一五）に三菱銀行に合併されるまで存続した。

かつて筆者は、この合名会社金原銀行（一九〇〇～一九一六年）について分析したことがある。そのなかで、金原銀行は、東里為換店時代（一八九七年［明治三〇］下期）には「金原家の銀行」という性格を有していたが、その後の展開過程でそうした属性は払拭され、「東京日本橋の商業銀行」へ、言い換えれば社会的公器として日本橋に所在する一商業銀行へと転換を遂げたことを指摘した（棚井：二〇二二）。本章では、そこでの議論を踏まえて、銀行経営の実態から見た金原明善（像）という視角から、まず第二節で銀行家としての金原明善について検討を加え、さらにそこから議論を敷衍《ふえん》して、第三節では明善が取り組んだ天竜川治水事業（治河協力社→植林事業→金原疎水財団というように時期により変化する）について資金調達の面から考察していく。

まず、東里為換店を経営する、銀行家としての金原明善について検討していこう。すでに指摘されているように、治河協力社による天竜川治水という企図が頓挫した後、明善は一八八六年（明治一九）春から一八九八年（明治三一）八月にかけて天竜川上流の国有林（静岡県豊田郡瀬尻村の二等官林六〇〇町歩）への植林事業へと乗り出す。これは、「明治二十年ヨリ同三十四年迄、十五ヶ年間ヲ以テ栽植ヲ卒リ、以テ返納ス」るというもので（土屋喬雄監修『金原明善　資料　上』史料番号六九二／三四九〜三五一頁、土屋喬雄監修『金原明善』三六〇頁、以下ではそれぞれ『金原明善　資料上・下』は『資料　上・下』、『金原明善』は『明善』と略記する）、献植、つまり無償の事業である。また、これと並行して、国有林に隣接する山林を漸次購入し、一八九五年（明治二八）には二七〇〇町歩に及ぶ私有林（金原林《きんぱらりん》と呼ばれる）を造成する。一八八六年（明治一九）から一八九八年（明治三一）までの一三年にわたる、この国有林への植林事業の総費用は「五万四千弐百拾二円六拾銭九厘」に上ったとされる（『明善』三九二・四〇二頁）。

では、こうした植林事業の資金はどこから捻出されたのであろうか。結論から言えば、そこには、明善が所有・経営する東里為換店から多くの資金が供給されていたのであるが、以下では、この点について見ていこう。

【表1】は、一八九七年（明治三〇）下期の東里為換店の大口貸出先を示したものである。まず、（一）貸付金のうち、金原家に関わるものは六口あり、これらで一八、四七二円、貸付金の一〇・二％を占めている。表中の「北海道事務所」とは、一八九六年三月、明善が北海道瀬棚郡《せたなぐん》瀬棚村《せたなむら》の未開墾地四〇〇町歩の貸し下げを受けて、金原殖民事務所を設置していることから、これに対する貸出であろう。また、「金原事務所」は金原林（神妻山《かづまやま》）に

表1　東里為換店（1897年下期）の大口貸出先

| 貸出先 | 貸出額(円) | 構成比(%) |
|---|---|---|
| **(一)貸付金** | **180,365** | **100.0** |
| 丸善(3口) | 62,400 | 34.6 |
| 鈴木真一 | 37,500 | 20.8 |
| 井筒屋油店(3口) | 25,009 | 13.9 |
| 金原家関連(6口) | 18,472 | 10.2 |
| 北海道事務所 | 9,949 | 5.5 |
| 金原事務所 | 4,616 | 2.6 |
| 別口金原事務所 | 2,000 | 1.1 |
| 別口瀬尻事務所 | 1,061 | 0.6 |
| 瀬尻事務所 | 633 | 0.4 |
| 金原喜一 | 211 | 0.1 |
| 小林秀三郎 | 11,871 | 6.6 |
| 中村道太 | 5,562 | 3.1 |
| 計 | 160,815 | 89.2 |
| **(二)当座貸越** | **52,523** | **100.0** |
| 井筒屋油店 | 15,829 | 30.1 |
| 瀬尻事務所 | 14,138 | 26.9 |
| 計 | 29,968 | 57.0 |
| **(三)割引手形** | **57,959** | **100.0** |
| 鈴木真一 | 24,000 | 41.4 |
| 丸善 | 17,550 | 30.3 |
| 計 | 41,550 | 71.7 |

出典：東里為換店「明治三十年十二月三十一日現在　貸付金/割引手形/当座預金貸越　人名金額一覧表」
「金原家文書」KM-44-357，一橋大学附属図書館所蔵
注：表中，貸出額は円未満を切り捨て，構成比は小数点第1位未満を四捨五入。

あった事務所を、「瀬尻《せじり》事務所」は瀬尻林にあった事務所をそれぞれ指しているほか、金原喜一は明善の息子（二男）である。

つぎに、（二）当座貸越（当座貸越契約を結ぶ（極度額を設定する）ことで、当座預金を持つ取引先が当座預金残高を超えて小切手・手形を振り出すのを認める貸付方法）では、瀬尻事務所が一四、一三八円で二六・九％を占めている。ただし、これら貸出先のうち、丸善および鈴木真一に対する貸出は、不良貸出（固定貸し）となっていることから、これらを除くと、東里為換店の金原家向けの貸出は、（一）貸付金で五四・〇％、（二）当座貸越で五七・一％、総貸出高では四九・二％を占めていたことになる。換言すれば、東里為換店の総貸出高のおよそ五割は金原家向けの貸出だったのである。なかでも、東里為換店から植林事業に対する資金の供給については、同店に勤務した鈴木仁一郎が、後年に以下のように回想している。

其当時武内竜雄君ト二人、銀行ニ居リマシタ。瀬尻カラ予算書ガ来ルト、イクライクラ山へ送金セヨト、翁カラノ命令デアル。私等銀行ノ当事者ハ銀行ガ大切デアル、利益ヲ挙ゲテ預金ノ利子ヲ払ハネバナラヌ。又別途積金ヲシテ銀行ノ基礎ヲ強固ニシタイト思フテ、一所懸命ニヤツテヰルト、山へ送金ノ命デアル。随分ト翁トハソノ事デ議論ヲ闘ハシタモノダ。瀬尻ノ山モ官地ヲ借リテ献植スルノデアルカラ、出シテモ返ツテ来ルト云フ宛ノアル金で無イカラ張合ガ無カツタ。毎年ノ利益金ノ殆ンド全部ヲ持ツテ行カレルノデアツタ。全部ト云フテモ当時ノ利益ハ四五千円ノコトデアツタ。山ヘノ送金ヲ強ク反対スルト翁ハ「先ヅソウ心配スルナ、預金ノ利子ノ払ヘヌ様ナ心配ハ無イヨ」ト云ハレタ。……山ノ主任鈴木信一氏ガ上京、銀行ニ顔ヲ出スト、又金カト胸ガドキ〳〵シマシタ（『明善』三九三～三九四頁）。

また、右に引用した史料に登場する武内竜雄も、「商業融資を経営の原則とする為換店が、林業の資金のような長期融資のために、資金を固定することは、経営を危機におとしいれる」として、明善を批判したとされる（同前）。

以上を東里為換店という銀行経営から見ると、①「機関銀行」の危険性、②為換店による産業金融の危険性の二点を指摘できる。まず、①の「機関銀行」（事業会社が資金調達のために設立する銀行で、経営の独立性がなく、結果として特定の企業に多額の長期にわたる固定的な融資を行う傾向があるとされている）の危険性については、金原家の各事業に対する貸出が、東里為換店のおよそ五割を占めていることに加えて、さらにこのうちの植林事業については、利潤が期待できる性質のものではないことから返済の見通しはなく、固定的な融資（固定貸し）とならざるを得ないことが問題であろう。

さらに、【表1】にある鈴木眞一についても触れておこう。鈴木は明善の友人で、東京の九段で写真店を営んでいた人物とされる。鈴木はそのほかにも、三隻の汽船を所有して海運会社を経営したり、北海道に鉱山を所有していた（『明善』五五五～五五八頁）。こうした汽船や鉱山が、貸出金の担保になっていた可能性は十分あろうが、明善の「友人」であることを理由に、鈴木に対して多額の資金が貸し付けられていたものと推測できることから、不良貸出しと言えよう（この鈴木に対する固定貸しは、合名会社金原銀行へと引き継がれ、その解消＝不良債権処理は同行の大きな経営上の課題となったようである、同前）。

次に、②の為換店による産業金融の危険性については、前述の武内の指摘が的を射たものと評価できる。これは、為換店の役割は手形割引などの短期資金（決済資金）を供給することにあるにもかかわらず、明善の植林事業向けの融資が、短期資金ではなく、産業金融（企業や個人など資金の借り手が設備投資などに用いるための長期の借入）になっている点を批判したものと言えよう。これは、【表1】の（二）当座貸越による貸出のうち、瀬尻事務所が二六・九％を占めている点からも明らかなように、貸出形態は短期資金を供給するための当座貸越による貸出になっているにもかかわらず、実際にはそれが返済されずに固定貸しになっていたと推測される。

以上の①機関銀行の危険性、②為換店による産業金融の危険性という二点は、鈴木や武内の言うように、銀行経営という点から見た場合には、東里為換店を潜在的リスクにさらす経営行動と言える。そのため、彼ら職員層の危惧は正当なものであり、銀行家・金原明善の手腕の問題点を看破したものと理解できよう。

## 三　天竜川治水事業における資金調達

前節で見たように、東里為換店の実態は、金原家の「機関銀行」であったのであるが、そうした事態に至る要因は、天竜川治水事業に関して、明善の壮大な構想・計画（この点は、金原明善像の形成に大きく作用していると言えよう。詳しくは伴野：二〇一六を参照）を遂行しうるだけの資金的な裏付けがなかった点に求められよう。当然のことながら、それは何らかの形で補われる必要があるが、実際には、治河協力社においては政府資金による下渡金《さげわたしきん》、言い換えれば国家による救済であり、植林事業においては東里為換店からの借入金、つまり「機関銀行」だったのである。植林事業における東里為換店の役割についてはすでに述べた通りであるが、もう一方の国家による救済は、金原疎水財団となった後にも見られたことから、この金原疎水財団に対する国家の救済についても触れておこう。

一九〇四年（明治三七）、金原林は金原疎水財団（設立の目的として三方原疎水事業が掲げられているが、実際の事業は金原林の間伐だったという。『明善』五六九～五八一頁）に引き継がれるが、同財団の事業費の多くは、借入金に対する支払い利子によって占められていた（一九一一年［明治四四］下期を例にとれば、事業費六、六六七円のうち三、七三三円［五五・九％］が支払利子だった）。そこで一九一七年（大正六）一月、静岡県知事の協力を得て、帝室林野管理局に働きかけて、御料林《ごりょうりん》（かつて献植した官有林で、この時には皇室が所有したことから御料林と呼ばれる）に隣接する三字《あざ》（新開・北山・樽口）を二六万八、〇〇〇円で宮内省に買い上げてもらったのである。これにより、すべての負債は償却され、同財団の財政は安定したとされている（『明善』四四一〜四五〇頁）。

以上のように、この時期に、資金の不足に対応するために国家に対して働きかけた理由については、金原銀行がもはや「機関銀行」として機能し得なくなったことがあるものと推測される。その証左として、右の支払利子の元金を借入先別に示せば、静岡農工銀行（二五、九〇六円）、西遠銀行（一〇、〇〇〇円）、資産銀行（二〇、〇〇〇円）、金原銀行（二九二円）となっており（金原銀行以外の三行は、いずれも静岡県に本店を置く銀行）、金原銀行はメインバンクとはなっていないことを挙げることができる（『資料　下』史料番号八八二／九四六頁）。

金原銀行は一九〇〇年（明治三三）に設立されるが、【図1】に示したように、一九〇〇年代後半には、それまでの日本銀行および市中銀行からの借入金を前提にした資金運用から脱却し、自らが吸収した預金を前提とする資金運用へと変化を遂げた（棚井：二〇二二、こうした変化は「預金銀行化」と呼ばれる）。それにともない、預金の払い戻し（とくに取り付け）に備えなければならなくなり（この点については、一八九五年［明治二八］一一月、息子である金原明徳に対して、静岡県にあった第三十五銀行と当座貸越契約を結ぶように指示した書簡で、「預り金

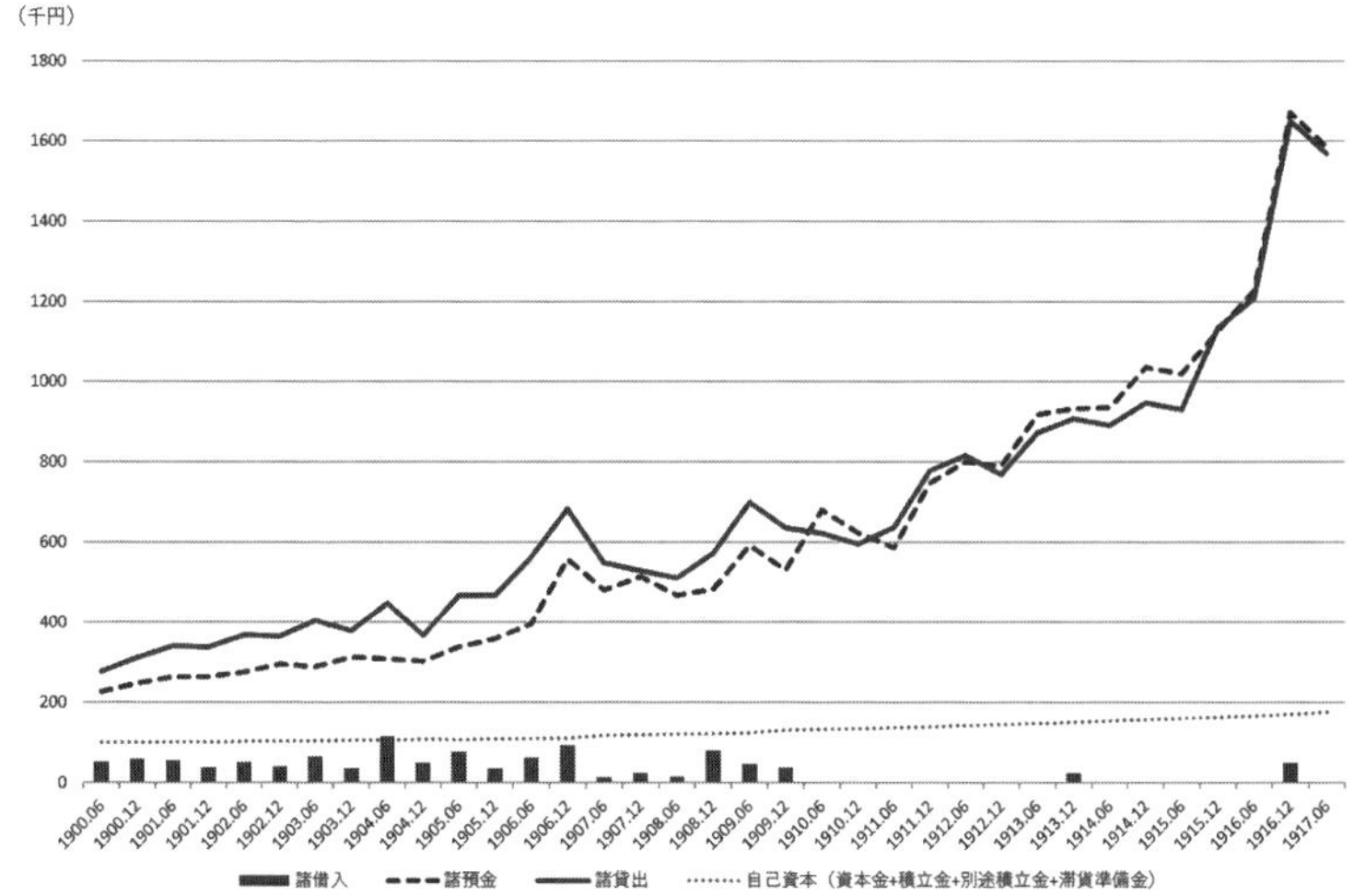


図１　合名会社金原銀行の預金銀行化
出典：棚井仁「合名会社金原銀行の設立と展開　三菱銀行合併前史の研究」『三菱史料館論集』第23号、2022年、42頁。

段々増加仕候間万一ニも一時之引出等相起り候時之用心ニ夫々準備ニ仕置度」いと述べていることから、明善自身も認識していたようである。『明善』五四二頁）、そのためには資金の固定化を回避しなければならなかったのである。さらに言えば、これは金原銀行だけでなく、三井銀行などの大銀行においても、ほぼ同じ時期に預金銀行化が進展するのであるが、そこには一八八二年（明治一五）に設立された中央銀行である日本銀行が、一八九〇年代の試行錯誤を経て、中央銀行としての内実を備えたことで、金融システム全体が大きく変化したことが背景にあった（靏見：一九九一）。

　以上から、金原明善の天竜川治水事業は、治河協力社→植林事業→金原疎水財団と変化したが、いずれも資金的な裏付けをともなっていなかったために、「錬金術の装置」たるべく「機関銀行」を必要とし、また国家への接近を半ば必然のものとしたと言えよう。とくに後者について言えば、治河協力社時代の内務卿・大久保利通に対する直談判、また金原疎水財団になってからの帝室林野管理局および宮内省への働きかけなど、資金の不足に陥ると、国家に対して救済を求めている点は、治水事業の構想・計画が壮大であったことと合わせて、金原明善の治水事業の特徴として指摘されなければならないだろう。

## 四　おわりに

本章では、「私財を投げ打って天竜川治水に尽力した郷土の偉人」として顕彰されてきた金原明善について、その銀行経営の手腕、さらに天竜川治水事業における資金調達の方法に焦点を当てて考察を加えてきた。銀行経営については、その大口貸出先からも明らかな通り、①金原家の「機関銀行」的性格をもっていたこと、さらに②植林事業向けの貸出が、商業金融（短期資金の供給）ではなく産業金融（長期資金の供給）となっていたことを指摘した。また、治水事業については、その構想・計画の壮大さにもかかわらず、資金的な裏付けをともなっていなかったこと、そしてそれを補ったのが「機関銀行」としての東里為換店、および国家による救済であったことを確認し、とくに後者は、金原明善による天竜川治水事業の構想・計画の壮大さと合わせて言及されるべき、もう一つの特徴であることを指摘した。

もちろん、金原明善に対する本章のこうした評価は、あくまで東里為換店の経営実態から見た限りのものであり、明善が注力した勧善会（出獄人を保護する団体）の活動などはあらかじめ捨象されている。その点で、本章はあくまで一試論の域を出ていない。それと同時に、本章は明善の天竜川治水事業への取り組みやその情熱を否定するものではないことを付言しておく。

他方で、二〇二三年（令和五）には没後百年を迎え、さらに金原家文書が利用可能となった現在、実証的な研究の一層の進展と、それ（事業の構想・計画と実態、そして帰結）を踏まえた再評価が求められる段階にあることも確かであろう。渡辺尚志によれば、治河協力社時代、政府から下渡金が下付される以前において、明善は事業資金を集めるために現在の銀行定期預金のようなものを構想していたという（渡辺：二〇二〇）。実際にはそうした計画は実を結ばなかったのであるが、こうした経験が明善のその後の活動（とくに金融業への進出）にどのような意味を持ったのか、また明善が近代的な銀行制度をどこまで理解していたのかなど、興味深い問題も依然として多く残されており、こうした点の解明は今後の課題である。

**参考文献**

・棚井仁「合名会社金原銀行の設立と展開　三菱銀行合併前史の研究」(『三菱史料館論集』第二三号、二〇二二年)
・土屋喬雄監修『金原明善』(金原治山治水財団、一九六八年、本文中では『明善』と表記)
・土屋喬雄監修『金原明善　資料　上・下』(金原治山治水財団、一九六八年、本文中では『資料　上・下』と表記)
・靏見誠良『日本信用機構の確立　日本銀行と金融市場』(有斐閣、一九九一年)
・伴野文亮「金原明善の天竜川治水構想と地域社会　近代移行期「名望家」の営みとその経済史的意義をめぐって」(渡辺尚志編『移行期の東海地域史　中世・近世・近代を架橋する』勉誠出版、二〇一六年)
・伴野文亮「近代天皇制国家と「偉人」　金原明善の「偉人」化とその歴史的意味」(『歴史評論』第八四八号、二〇二〇年)
・渡辺尚志「金原明善と天竜川の水防・治水」(『静岡県地域史研究』第一〇号、二〇二〇年)

コラム❶

# 地方名望家・資産家としての金原明善

## 地域経済史研究から紹介する

高柳友彦

本コラムでは、近年盛んになっている地域経済史研究、特に、地方名望家《ちほうめいぼうか》や資産家・企業家に焦点をあてた研究動向をふまえて、金原明善の名望家・資産家としての特徴について紹介していこう。

### 一　地方名望家としての金原明善

地方名望家とは、近世近代移行期（幕末から明治初期にかけて）の地域社会における政治・行政・経済を担った人物である。ここでは「地主や地方財産家など、一定の土地や財産をもち、地域社会において名声や人望を得ている者」と定義しておこう。彼らの多くは江戸時代以来、地域の運営を行う家柄であり、明治以降、地域をまとめる存在として、行政能力や文化的素養を有し、地域発展を具現化しようとした人物でもある（岩城ほか：二〇二二）。

この地方名望家は、近世近代移行期の地域社会のありようや地方制度の展開を解明するうえでのキーパーソンとして位置づけられている。国家が民衆を統合する過程において、地方名望家がどのような役割を担ったのか、彼らの政治活動や地主経営の展開が注目されてきた。加えて、府県や郡を範囲とする彼らの人的ネットワークについても焦点があてられ、府県会での動向や政党の拡大と中央政府からの公共事業予算の獲得といった利益政治の展開についての研究がすすめられた（飯塚：二〇一九）。

こうした研究史をふまえて、金原明善の地方名望家的側面に注目してみよう。明善の生家は、安間村（近世では遠江国）では突出した地主で、金原家の持高は文政一〇年（一八二七）の五〇石程度から明治元年（一八六八）には一一〇石まで拡大していた。明善の父の代には、財産を拡大させたとともに村の名主を務め、明善も一八五五年に名主を継いでいる。そして、明善は、天竜川の治水事業や治河協力社《ちかきょうりょくしゃ》など地域運営に関わるさまざまな事業に関与するとともに、七〇歳を超えて郷里の和田村村長も務めている。地域社会のなかで一定の財力と豊富な政治・行政経験を有することからも、地方名望家を体現する人物であった。

明善は、地方名望家として幕末期から天竜川の治水事業にかかわり、近代初期には頻発する災害対応をなしとげた。他地域の地方名望家と同様に、周辺諸地域の関係者有志をとりまとめ、行政機関であった県や政府との関係を構築するなかで、地域社会の存続・維持に力を注いだのである。明善は、自らの資産をたびたび献納しており、治河協力社の設立の際には、全財産を献納する請願を行う一方で、多くの官費の補助も引き出している。こうした地域への資金提供は、近代初期には多くの地域でみられていた。明善は、近世近代の制度や技術などのはざまの中で地域のリーダーとしての役割を果たしたのである。

加えて、明善の行政への働きかけなど、さまざまな活動を支えていたのは彼が有していた人的ネットワークであった。そのネットワークも県内・郡内の範囲を超え、東京の政財界人とのパイプを有していた点に特徴があった（伴野：二〇二二）。実際、治河協力社は、地元静岡県の有力者だけでなく、明治政府の高官や宮内省からの寄付を受けていた。特に皇室とのかかわりは強く、明善自身、皇居造営のための献納を行うとともに、関係者との間で連絡もとりあっていた（伴野：二〇一四）。そして明善は明治中期以降、静岡県内において政治活動を展開するのではなく、活躍の場を東京に移すこととなった。多くの名望家らが地元を地盤に政治活動を展開する一方（衆議院議員として東京に進出することもある）、明善は政治活動ではなく、事業家として東京への進出を果たしたのである。

## 二 資産家・企業家と地域経済

企業家・資産家に注目した研究は、一八八〇年代以降に展開した企業勃興において、どのような人々が、企業経営の担い手として、また企業設立の資金の出資者として関わってきたのか解明がすすめられた（以下の記述については高柳：二〇一五）。

一九七〇年代に展開した地主制研究では、大地主ら地方の資産家の経営や資金の投資状況が解明された。例えば、中村政則らによる地主制史研究では、蓄積された地主資金が当該期の工業化資金に投資され農村の資金が近代工業へ充填されたと理解された（ただ、後に地主資金の転化の議論は修正される）。

一九八〇年代以降、産業革命期における地方の企業勃興や地域の在来産業の発展が注目された。そこでは地方（東京、大阪と異なった地域）において、なぜ、多くの企業（会社）が誕生したのか、それら企業の出資者や担い手が注目された。在来産業の「産地」や商業町において、地域経済の中心的な役割を担っていた地元の資産家や名望家層が、企業勃興時に地域で新設される諸企業に資金を投資することで、地方の企業勃興が支えられたのである。そうした地域の企業家・資産家らが地域の諸産業に資金を投資した背景には、単に投資から得られる利回りだけでなく、地域社会からの「名望」を得るためでもあったことが明らかにされている。利得だけではない、地域に根をおろしているからこその名声が彼らの経営や政治活動に重要であったのである。

二〇〇〇年代以降、企業勃興期から日露戦後までの工業化の過程を対象に地域経済活性化のメカニズムとして、資産家・企業のネットワークの重要性も明らかになった（中村：二〇一〇）。そこでは、第一に地域の資産家層のトップ層が資金供給主体となる一方、二・三番手層が経営の担い手として実際の企業設立やその後の経営を担う役割を有していた点、第二に、資産家層の人的ネットワークが設立の資本金や株主募集に重要な役割を果たしたことが明らかにされている。

明善は、一連の天竜川治水事業が国家による治水政策に転換する中で、企業家・事業家としての側面が強くなり、諸活動の拠点を静岡から東京に移し実業家として全国に名が知られるようになった。

では、明善はどのように地域経済に関わっていたのであろうか。まず、静岡県における明善の資産家としての位置を確認しよう。一八九八年九月調査の静岡県多額納税者・大地主の一覧では（「日本全国商工人名録」『都道府県別資産家地主総覧山梨・静岡編』）、大地主の中に息子の金原明徳が登場し、所有地の地価額一〇一一二円が記載されている（地価額一万円以上の地主は三〇〇人弱登場している）。この時点で、明善は東京に進出し加えて家督相続を行っているためか名前は出てこない。また、一九一六年の『時事新報』の調査では、全国五十万円以上の資産家、全国約二〇〇〇名が公表されている。静岡県では一八名が記載され、明善が五十五万円、息子の明徳が六十万円で登場している（『全国五十万円以上資産家表：時事新報社第三回調査』一九一六年）。明治期に県内有数の地主として、また第一次世界大戦期に県内で最上位に位置した金原家は、地元経済の「顔役」としての地位にあったことがうかがえる。そうした地位にあった明善は、明治中期以降、静岡県内において天竜運輸などいくつかの企業設立に関わっている。ただ、実際に明善、明徳がどのような有価証券を所有していたのか詳細は明らかにされていない（この点、『金原明善資料上』には明治四一年時の家督相続後に新たに設立された新家の財産が記載されている。そこでは、株券公債を約一五〇〇〇円程度所有していたことがわかるものの、その内訳はわからない）。したがって史料が残されていない中でそうした事実に接近するためには、各企業の営業報告書等を利用した網羅的な調査・分析が必要であろう。

こうした一覧に登場するなど、これまで研究史で扱われてきた地主や資産家の多くは、地元の地域社会に根を下ろして事業を展開することが多い（例えば、地主として大規模土地所有者として、また企業家として地域で設立される諸企業の株主ないしは経営者としてかかわる）。その点、明善は家としての拠点を静岡におきながらも、銀行経営者として東京進出を実現している点が注目されるだろう。

ここでもその進出には明善のネットワークが大きく関係していた。東京の丸屋銀行（丸善を創業した早矢仕有的が設立した銀行で、一八八四年に経営悪化していた）の整理と金原銀行の前身となる東里為替店《とうりかわせてん》の設立の際に、明善が有していた中央の政財界人とのネットワークが発揮されたのである。明善自身、一八九九年のインタビューで、小幡篤次郎ら慶應義塾の関係者の存在を回顧している（『実業之日本』第三巻六号）。こうした中央の政財界人とのパイプの存在は、地方名望家や資産家の経営拡大にとって重要であった。この点で、九州の炭鉱経営者で、企業家としても著名な安川敬一郎との共通性も見受けられるだろう（有馬編：二〇〇九）。

## 三　今後の金原明善研究と地域

以上の通り、明善は東京の中央政府や政財界人とのネットワークを活用することで、諸事業を展開させていた。では、今後の明善と地域社会・地域経済について、考察すべき論点を紹介しておこう。

近年、資産家の家計史料から、資産家の消費活動（都市的な文物などを購入・消費する等）の地域への波及のありようが注目され、都市文化、西洋からの輸入品が名望家や資産家によって地方に伝播したことが明らかにされている（中西・二谷：二〇一八）。加えて、近代初期にかかわらず第一次世界大戦期以降の資産家の地域への寄付と彼らのライフコースとのかかわりについても分析がすすめられている。明善をはじめとして金原家が村内、郡内において消費という点でどのような役割を果たしてきたのか。また、そうした消費・寄付といった生活に関わる点で、明善について広く流布されている「偉人像」とのかかわりも考察すべき重要な論点であろう。

## 参考文献


・有馬学編『近代日本の企業家と政治』（吉川弘文館、二〇〇九年）
・飯塚一幸『近代日本の名望家と地方制度』（吉川弘文館、二〇一九年）
・岩城卓二ほか『論点・日本史学』（ミネルヴァ書房、二〇二二年）
・高柳友彦「研究動向『地域』経済史研究の現状と課題　近代日本経済史研究を中心に」（『歴史学研究』九二九号、二〇一五年）
・土屋喬雄監修『金原明善　資料　上』（金原治山治水財団、一九六八年）
・伴野文亮「金原明善の『偉人』化と近代日本社会：顕彰の背景とその受容」（『書物・出版と社会変容』一六号、二〇一四年）
・伴野文亮「一次史料から立ち上げる治河協力社の研究：金原家文書「事務書類」を手がかりとして」（『一橋大学附属図書館研究開発室年報』第九号、二〇二一年）
・中西聡・二谷智子『近代日本の消費と生活世界』（吉川弘文館、二〇一八年）
・中村尚史『地方からの産業革命』（名古屋大学出版会、二〇一〇年）
・渡辺尚志「金原明善と天竜川の水防・治水」（『静岡県地域史研究』一〇号、二〇二〇年）
・「日本全国商工人名録」（『都道府県別資産家地主総覧山梨・静岡編』一九九七年）
・『全国五十万円以上資産家表：時事新報社第三回調査』（時事新報社、一九一六年）
・「實業家經歴談　金原明善氏經歴談（三）」（『実業之日本』第三巻六号、一九〇〇年）

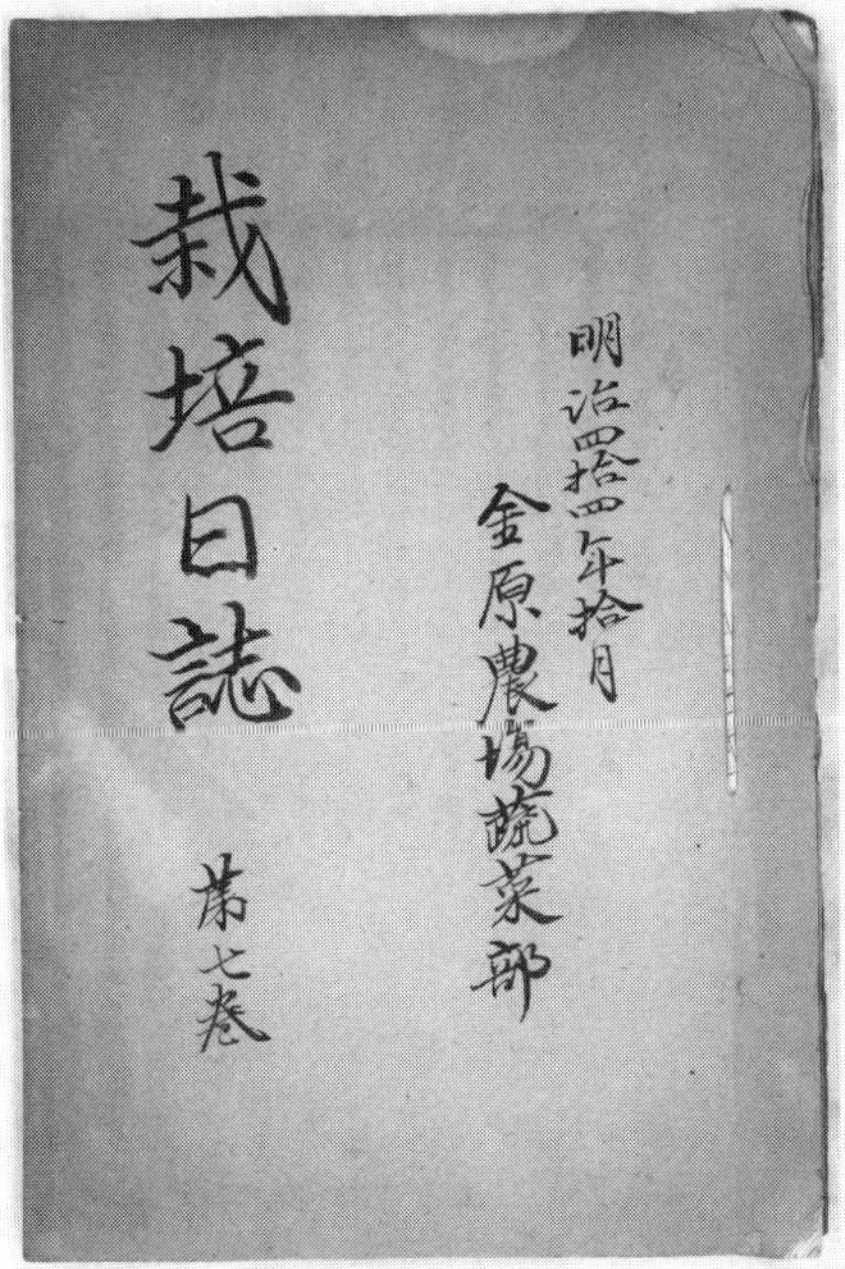


写真：栽培日誌（金原農場蔬菜部、明治 44 年、一橋大学附属図書館所蔵）

第**5**章

# 農業経営の改革を担った金原農場蔬菜部

## 明治末期の野菜栽培を描き出す

佐藤敏彦

## 一　はじめに

一橋大学附属図書館が所蔵する「金原家文書」に「金原農場蔬菜部」の史料群がある。一九一〇〜一二年（明治四三〜四五）の蔬菜《そさい》（野菜）栽培に関する「栽培日誌」（以下「日誌」）、「収穫物売上帳」（以下「売上帳」）などの史料であり、個々の史料には同文書目録の整理番号を以て「文書×―△」と注記する。

本章はこの史料を用いて明治末期における野菜栽培とその事業の実態を明らかにし、併せて蔬菜部の事業運営を金原家経営の視点で検討・評価することを狙いとする。叙述の構成は、第一に蔬菜部による野菜栽培の概要、第二に野菜栽培事業の実際、第三に蔬菜部の位置づけと経営課題、とする。

日誌は、一九一〇年の①巻番号不記載（四月一二日〜一二月三一日、文書八‐二）、翌年の②「促成栽培《そくせいさいばい》並に苗床《なえどこ》日誌」（一月一四日〜三月二五日、文書七六‐二九）、③第四巻（六月一三日〜七月二九日、文書八‐二）、④第五巻（七月三〇日〜九月九日、文書七六‐三〇）、⑤第七巻（一〇月二一日〜一二月一〇日、文書八‐二）が存在する。巻番号と期間に欠落があり、②の連続性と第八巻以降の有無は不明である。売上帳は一冊（一九一〇年六月二〇日〜一九一二年三月二〇日、文書三九‐一二）である。

面積の単位は、坪（歩）＝三・三〇六㎡、畝《せ》＝三〇坪、反＝一〇畝、町＝一〇反とし、長さの単位は、寸＝三・〇三㎝、尺＝一〇寸とする。なお、畝反町に付される歩は最終単位の表記である。また、各数値は単位未満の端数を四捨五入して表記する。

## 二　蔬菜部による野菜栽培の概要――売上帳の記録を中心に

本節では蔬菜部による野菜栽培の概要を売上高の実績によって把握する。

### （一）蔬菜部の月別売上高

【表1】は売上帳の売上高を月別に集計して年度比較をしたものである。売上帳は日付別、売上単位毎に品種・銘柄、栽培区画、等級（上中下、大中小）、数量（本・ケ・把《は》、斗升合勺《しゃく》、貫匁《もんめ》）などと金額（円銭厘）を記している。

売上高を四半期毎に見ると、一九一〇年度は、七～九月六九円、一〇～一二月九〇円、一～三月五五円である。翌年度は、四～六月六二円、七～九月一三六円（前年比一九八％）、一〇～一二月四一円（同四五％）、一～三月五四円（同九七％）である。

通算約二一ヵ月の月平均売上高は二四円となっている。売上高の推移は売上の記帳開始から九月まで徐々に増加、一〇・一一月は減少、一二月に増加して一～三月は減少、四月から増加して二年目の七月に最高値となり、八月に激減、それ以降は低迷が続いている。

表1　月別売上高　1910～11年度

単位:円

| 月 | 年　度 | | 前年比<br>金額差 |
|---|---|---|---|
| | 1910 | 1911 | |
| 4 | — | 14.1 | 14.1 |
| 5 | — | 19.9 | 19.9 |
| 6 | 1.0 | 27.9 | 27.0 |
| 4-6計 | 1.0 | 61.9 | 60.9 |
| 7 | 6.4 | 104.3 | 97.8 |
| 8 | 21.6 | 14.1 | -7.5 |
| 9 | 40.7 | 17.5 | -23.2 |
| 7-9計 | 68.8 | 135.9 | 67.1 |
| 4-9計 | 69.7 | 197.8 | 128.1 |
| 10 | 15.3 | 10.1 | -5.3 |
| 11 | 1.6 | 6.5 | 4.9 |
| 12 | 73.1 | 23.9 | -49.2 |
| 10-12計 | 90.0 | 40.5 | -49.5 |
| 1 | 35.8 | 23.9 | -11.8 |
| 2 | 16.5 | 27.8 | 11.3 |
| 3 | 2.8 | 1.8 | -1.0 |
| 1-3計 | 55.1 | 53.6 | -1.5 |
| 10-3計 | 145.1 | 94.1 | -51.0 |
| 合計 | 214.8 | 291.8 | 77.1 |

〔出典〕「収穫物売上帳」より作成。

ただし、野菜栽培には生育の期間、季節による盛期や端境期、需要との適合などの事業特性があり、この短期推移から傾向を見出すことは困難である。さらに、一九一一年八月には風水害を蒙り、その後にも影響が及ぶのでこの点には留意を要する。

### （二）蔬菜部の品種別売上高

【表2】は売上帳の売上高を類別・品種別に集計して分類したものである。

この売上高を構成する野菜の種類（一円未満は省略）は次の通りであり、品種には適宜カッコ内に別称を付した。根菜《こんさい》類は薑《しょうが》（生姜《しょうが》）、大根、葱《ねぎ》、里芋、人参《にんじん》、蕪《かぶ》（かぶら）、甘藷《かんしょ》（さつまいも）、玉葱《たまねぎ》、馬鈴薯《ばれいしょ》（ジャガイモ）など一一品種、葉菜《ようさい》類は白菜、甘藍《はぼたん》（キャベツ）、体《たい》菜《さい》、菠薐草《ほうれんそう》、三河島菜、京菜、水菜など一三品種、蓏《ら》果《か》類とも称される果菜《かさい》類は越瓜《えつうり》（白瓜）、

表２　類別・品種別売上高　　1910～1911年度

単位:円

| 類 | 品種 | 1910(明治43)年度 | | | 1911(明治44)年度 | | | 合計 |
|---|---|---|---|---|---|---|---|---|
| | | 6～9月 | 10～3月 | 計 | 4～9月 | 10～3月 | 計 | |
| 根菜類 | 薑 | 19.4 | 36.7 | 56.1 | 8.8 | 0.9 | 9.7 | 65.8 |
| | 大根 | 1.9 | 26.2 | 28.1 | 5.5 | 18.7 | 24.2 | 52.3 |
| | 葱 | 1.5 | 33.9 | 35.5 | 5.6 | 5.2 | 10.8 | 46.3 |
| | 里芋 | 10.8 | 6.8 | 17.5 | 6.4 | | 6.4 | 23.9 |
| | 他7品 | 0.2 | 11.0 | 11.2 | 11.5 | 5.5 | 17.0 | 28.2 |
| | 計 | 33.8 | 114.6 | 148.4 | 37.8 | 30.3 | 68.1 | 216.5 |
| 葉菜類 | 白菜 | 0.1 | 9.7 | 9.8 | 1.2 | 37.2 | 38.4 | 48.2 |
| | 甘藍 | 0.8 | 1.9 | 2.7 | 37.2 | | 37.2 | 39.9 |
| | 体菜 | 1.1 | 8.8 | 10.0 | 2.5 | 7.3 | 9.7 | 19.7 |
| | 菠薐草 | | 4.7 | 4.7 | 0.6 | 11.1 | 11.6 | 16.3 |
| | 他9品 | 7.0 | 4.3 | 11.3 | 2.7 | 6.0 | 8.8 | 20.1 |
| | 計 | 9.0 | 29.4 | 38.4 | 44.1 | 61.6 | 105.7 | 144.2 |
| 果菜類 | 越瓜 | | | | 55.7 | | 55.7 | 55.7 |
| | 茄子 | 8.0 | 0.3 | 8.3 | 17.6 | 1.2 | 18.8 | 27.2 |
| | 胡瓜 | | | | 19.8 | | 19.8 | 19.8 |
| | 南瓜 | | | | 8.1 | | 8.1 | 8.1 |
| | 他2品 | | | | 2.4 | | 2.4 | 2.4 |
| | 計 | 8.0 | 0.3 | 8.3 | 103.6 | 1.2 | 104.8 | 113.1 |
| その他 | 黍 | 18.8 | 0.1 | 18.9 | | | | 18.9 |
| | 豌豆 | | | | 7.4 | | 7.4 | 7.4 |
| | 他8品 | | 0.7 | 0.7 | 4.9 | 0.9 | 5.9 | 6.5 |
| | 計 | 18.8 | 0.8 | 19.6 | 12.3 | 0.9 | 13.2 | 32.9 |
| 合計(40品種) | | 69.7 | 145.1 | 214.8 | 197.8 | 94.1 | 291.8 | 506.6 |

〔出典〕「収穫物売上帳」より作成。

茄子《なす》（なすび、茄《なす》）、胡瓜《きゅうり》、南瓜《かぼちゃ》、冬瓜《とうがん》など六品種、その他は禾穀《かこく》類の黍《きび》、豆類の豌豆《えんどう》、千石豆《ごくまめ》など一〇品種、合計四〇品種である。なお、その他には草花を含み、フロックス、アオイなど数品であるが金額微少につき一品種扱とした。

これらの品種を通算の売上高順に並べると（カッコ内は一九一〇年度、次年度の順）、一位薑（一位、一〇位）、二位越瓜（売上無、一位）、三位大根（三位、四位）、四位白菜（七位、二位）、五位葱（二位、八位）、六位甘藍（一〇位、三位）、七位茄子（八位、六位）、八位里芋（五位、一三位）、九位胡瓜（売上無、五位）、一〇位体菜（六位、九位）となる。

## 三　蔬菜部が運営した野菜栽培事業の実際――日誌の記録を中心に

本節では蔬菜部が運営した野菜栽培事業の実際を日誌に基づく事例として詳述する。当時の野菜栽培法に関しては『穀類野菜栽培法』（後藤：一九〇四）を適宜参照した。

### （一）日誌の記録例

蔬菜部では野菜栽培に関連する事項を毎日、日誌に記している。次の四点は一九一〇年の日誌から抜粋した実際の記録である。ただし、勤務者の名前など一部を省略して再構成した。

a

四月廿七日　晴曇天　南風
農舎の雑作及びレンガ積み　材料　石灰二俵、セメン一タル、砂三車
ナス購入　早生茄子七百二十本中生茄子五百五十本を豊西村常光より購入す
中耕　一区、二区里芋定植の準備として中耕す
茄子定植　八区に早生茄子を定植す　畦巾二尺株間一尺五寸とす　元肥として薄き人糞尿を施用す（二畝歩にて七百二十本を）　苗丈三寸本葉六枚を有す　九区及び十区北半に中生茄子を定植す　畦巾三尺株間二尺（一畝歩二百八十本）
ショーガ購入　種薑百貫目（一反歩分）気子島伊藤六郎氏より購入す　代価二十七円七十七銭也

b

七月二日　晴雲天　西風
除草　第十八区及四十六区人参下種用として除草
里芋第二回施肥中耕　四十一区五十区里芋第二回施肥中耕をなす　一畝歩に付大豆粕四升、過燐酸一升を施用す
収穫　四十三区五十一区里芋中の体菜を収穫す　百三十把　茄子三十八ケ

c

七月三日　曇雨天　西風　青物カゴつくろい

運搬　前日の収穫物を中野町に

除草　三十五区四十九区の里芋除草

体菜下種　五十一区南二畦及び五十区北一畦に雪白体菜を下種す

d

十月五日　晴天　西風

玉葱下種　四十一区南一畝歩に玉葱を下種す　施肥等前日に同じ、下種したる種類を表示すれば次の如し　北 十畦横須賀黄色種 南 一畦ヨコスカ白色種 四畦清州白色種 五畦清州黄色種

ホーレンソー下種　四十六区五十区にホーレン草を下種す　畦巾二尺の条播とし　元肥として一畝歩鰊粕八百匁、堆肥二十貫、人糞尿六貫、藁灰半俵を施す　一畝歩に要する種子量五合

体菜下種　四十四区南六畦に茎白体菜を下種す

葱下種　苗六南十五歩に葱を下種す　畦巾三尺の平畦に散播す　元肥として一畝に人糞尿六貫を施す（苗床一坪に種一勺の割合）

北 根深一本葱 千住・根深一本葱 千住冬 千住冬 千住冬葱 南

除草　四十三四十八五十一区里芋除草

運搬　㊒より人糞一荷半尿一荷半を運搬す

日誌はこのように定型化され、日付、天候に続いて業務内容が項目毎に記載されており、生育単位の品種毎に栽培履歴をたどることができる。

### （二）蔬菜部の菜園施設と野菜繁殖の方法

蔬菜部には菜園に加えて農舎・事務室・堆肥舎《たいひ》・液肥舎（人糞尿貯蔵場）・苗床などが設置されている。菜園は五三区画からなり、二区画は一九一一年八月に増設されている。苗床は苗一〜苗七からなるが、促成第一〜六号框《かまち》、覆蓋室《ふくがいしつ》第一号の記述もあり、これらの関連性は判然としない。しかし、促成と称し、温室用の硝子障子《がらすしょうじ》を備えているので、苗床が種子の発芽、稚苗《ちびょう》の生育を促進する保温・加温の機能を有していたことは確かである。

野菜の繁殖は播種《はしゅ》から始まる。播種は種子（一般には種）を播《ま》（蒔、撒）くことであり、日誌では播種を「下種」と称している。種子には種芋（例えば種薑や種里芋）を含んでいる。ただし、播種をせずに購入苗を用いることがあり、茄子と胡瓜の場合、一九一〇年は苗、翌年は種子を用いて栽培している。播種は耕起《こうき》（土の掘り返しによる整地）した区画地に作った畦《うね》（野菜を生育させる列状の盛土）になされる。播種法には品種・銘柄の特性に応じて条播《すじまき》・散播《ちらしまき》・点播《てんまき》などがあり、畦幅は二〜八尺、株間は五寸〜三尺である。

次は播種と苗植の実例（②〜⑤の長さ表示は畦巾、株間の順）であるが、品種・銘柄毎に異なっており多様である。①里芋（種芋）、畦巾三尺、株間二尺の定植、②茄子（苗）、早生は二尺、一尺五寸、中生は三尺、二尺の定植、③甘藍（種子）、苗床に播種、その苗を二尺、二尺の移植・定植、④白菜（種子）、結球白菜は二尺、三尺、山東白菜は二尺、一尺二寸の散播、⑤大根、宮重《みやしげ》大根は二尺、一尺の条播、聖護院《しょうごいん》大根は二尺、一尺五寸の点播、方《ほう》領《りょう》大根は高畦二尺五寸、一尺五寸の散播。

### （三）肥料の施用と生育の手入れ

当時、肥料は植物自体の養分吸収に加えて土壌の成分適度化・性状改良・包有物溶解などの効用が指摘されている。その種類は石灰・過燐酸《かりんさん》石灰・ポッタース（草木灰）・人糞・鳥獣糞・堆肥・魚粕・大豆粕・油粕などである。

蔬菜部作成の一九一一年五月「各作物施肥表」（文書七六-二八）に「夏作肥料予算表」（以下「肥料予算」）があり、過燐酸石灰・硫酸アンモニア・地利硝石《ちりしょうせき》・草木灰・大豆粕・油粕・鰊粕《にしんかす》の購入を予定している。また、人糞尿と堆肥の調達があり、人糞尿は近隣の中ノ町・半場・国吉や金原本邸などから自前で搬入し、堆肥は菜園や本邸・養魚場の雑草、収穫後の野菜・藁を堆肥舎に積込み切返して製造している。

野菜生育の手入れは播種から収穫後の除去に至る一連の作業である。この作業には通常、元肥施用、中耕《ちゅうこう》（根部の土壌細砕《さいさい》）、補肥施用、移植、除草、間引き（間引菜として販売もある）、収穫があり、これに病害虫防止や災害対策などが加わる。

次に一九一〇年播種の品種から手入れの三例を紹介する。肥料名は硫酸アンモニア・大豆粕・鰊粕・人糞尿の頭文字にて略記する。①薑、五月一日五区に播種、元肥不施用、五月二三日～九月三〇日に補肥六回（大三、人三）・中耕四回・除草一回、一二月二二日根薑として収穫。②方領大根、八月二七日三六区に播種、元肥（人、鰊）、九月六日～一二月二六日に間引き四回・捕肥五回（硫一、人五、鰊一）・中耕三回、一一月一〇日～一二月一五日収穫。③山東白菜、九月一日四二区に播種、元肥不施用、九月一一日～一一月一五日に間引き二回・補肥五回（硫二、人四、鰊一）・中耕三回、一〇月一〇日一部根瘤《ねこぶ》病にて枯死、一二月二八日～一二月一三日収穫。

### （四）収穫物の販売

収穫した野菜は商品の形状に調えて販売に供される。蔬菜部では販売準備を調製と記しているが作業内容は詳記されていない。この作業を日誌と売上帳の記述などから推測すると、①一次処理（不要部分の除去）、②清浄・洗浄（土・ゴミの除去）、③選別（大きさ・品質の選り分け）、④結束・包装（販売単位に調製）、⑤貯留・貯蔵（一定期間の保存）、⑥その他（乾燥、加工など）、となる。①②は、すべての収穫物に施される作業であろう。③は、「大・中・小・

クズ」の等級区分があり、大根・白菜・甘藍・越瓜・茄子・胡瓜・南瓜などである。④は、把単位の販売があり、夏大根が一把三本、結束基準不明が葉薑・葱・人参・体菜・菠薐草・三河島菜・各種間引菜などである。⑥は、黍は乾燥・表装して販売、この間約二週間であり、大根は一部を干大根・切干大根に加工して販売している。

収穫物の販路は市場とその他であるが後者の実態は不明である。前者の市場別搬出回数は日誌（約一三ヵ月）から集計すると、中泉市場三八回、中ノ町青物屋二〇回、浜松市場一五回である。この三市場の売上実績を推算すると、一九一〇年九月は一七・三円、全体売上四〇・七円の四三％、翌年七月は二四・八円、全体売上一〇四・三円の二三％となる。したがって、蔬菜部は収穫物の半分以上を三市場以外で販売していたことになる。

### （五）従業員の勤務実態

蔬菜部は従業員の勤務実績を日誌と月単位の「農夫日計簿」（文書八‐二、以下「勤務簿」）に記している。【表3】はこの記録をまとめた一九一〇年七〜一二月の実績であり、勤務者名は記号化した。この半年間で暦日は一八四日、稼働日は一八〇日、休業日は四日（七月一五日盆、九月二四日皇霊祭《こうれいさい》、一〇月一一日和田村々社祭典、一一月三日天長節）である。従業員の勤務日数は稼働日より少なく、休日数は休業日より多いが、雨天などによる短縮勤務を全日勤務に換算したので実際の勤務日数は表より多くなる。なお、急な降雨のときは屋内

表3　従業員勤務日数　1910年7～12月

単位は日、）内は人数。

| | 7月 | 8月 | 9月 | 10月 | 11月 | 12月 | 計 |
|---|---|---|---|---|---|---|---|
| 暦日 | 31 | 31 | 30 | 31 | 30 | 31 | 184 |
| 稼働日 | 30 | 31 | 29 | 30 | 29 | 31 | 180 |
| 休業日 | 1 | 0 | 1 | 1 | 1 | 0 | 4 |
| 男A | 26 | 29 | 27 | 28 | 27 | 30 | 167 |
| 男B | 27 | 25 | 21 | 17 | | | 90 |
| 男C | 14 | 13 | 16 | 15 | 12 | 14 | 84 |
| 男D | | 20 | 28 | 27 | 13 | 2 | 90 |
| 男他 | 1)16 | 4)10 | 4)15 | | | 1)1 | 7)42 |
| 男計 | 83 | 97 | 107 | 87 | 52 | 47 | 473 |
| 女E | 22 | 25 | 21 | 19 | 25 | 28 | 140 |
| 女F | 16 | 21 | 19 | 11 | | | 67 |
| 女他 | 1)8 | 1)1 | | | | 4)10 | 6)19 |
| 女計 | 46 | 47 | 40 | 30 | 25 | 38 | 226 |
| 合計 | 129 | 144 | 147 | 117 | 77 | 85 | 699 |

〔出典〕「栽培日誌」「農夫日計簿」より作成。

業務（堆肥積み、縄・草鞋《わらじ》・カゴ作りなど）がなされている。

勤務簿には表の一二月実績と合致する「労銀」（賃金）の支払記録が挿入されている。ただし、男Dは「建物及び農具用人工」欄記入で支払記録がなく、男他一人と女他四人は「臨時農夫」欄に記入されている。支払は上半期一五日と下半期三一日の二回、合計金額は二九円九九銭（八人、延八三日）である。農夫賃金は日給制、月二回払であり、日給は男A四二銭、男B四〇銭、男臨時三〇銭、女E三〇銭、女臨時二〇～三三銭である。

## 四　蔬菜部の位置づけと経営の諸課題

本節では金原家経営における蔬菜部の位置づけや蔬菜部経営の諸課題を推論する。

### （一）蔬菜部の成立ち

蔬菜部の本格的な事業開始時期は日誌の初日一九一〇年四月一二日から余り遠くない時期と思われる。理由は、最初の売上が六月二〇日であり、それは四月一四日播種の夏大根であること、四月中旬〜六月上旬に農舎・液肥貯蔵舎・堆肥舎などを相次いで建設していること、である。ただし、事業企画や用地確保には時日が必要なので金原家における意思決定はそれ以前となる。次に、蔬菜部の場所は金原家本邸のある浜名郡和田村安間（現浜松市東区安間町）の域内あるいは近隣地と思われる。理由は、菜園は金原家の所有地と想定されること、和田村の村社（神社）祭典日を休業としていること、本邸との往来が頻繁にあること、である。また、菜園面積は一町一反歩（三三〇〇坪）前後と思われる。理由は、一九一一年八月の風雨被害を「一反三畝を除く外九反歩全部」としていること、菜園は五三区画と苗床からなり一区画は施肥基準などから二畝歩（六〇坪）と推定されること、である。

### （二）金原家経営における蔬菜部

金原家の家督は一九〇八年一一月に明徳から徳次に相続されている。明善は金原巳三郎に宛てた一九〇九年六月一六日書翰に「徳治も農事に従事作人等之事担任仕候」「農事之改良と山林之発達とに注意罷在候」と記している（金原：上五六三番史料）。つまり、当時七七歳の明善は本邸から東京の巳三郎（明善の養孫、金原銀行を経営）に徳治（徳次）が農事に従事して農夫管理などを担当、自身は農事改良などに配意、の旨を伝えている。翌年の一九一〇年五月九日、巳三郎は明善に宛てた書翰に「徳次之農業計画着々進行之趣拝承、過日本人より肥料小屋之設計幾分変更、多少予算相違致候趣にて残金百円請求有之候に付、其節小生意見認め残金送付仕置候」と記している（金原：下四四七番史料）。つまり、巳三郎は明善に徳次の農業計画が順調と承知、徳次に肥料小屋の予算超過分一〇〇円を送金、の旨を伝えている。蔬菜部は同時期に肥料施設を建設しており、書翰の肥料小屋云々と符合する。

一方、テレビの父と称される高柳健次郎（和田村安間新田出身）の回顧談に養魚場が登場する（清水：一九八五）。高柳は、五年生のときに安間川畔（現天竜中学校敷地）に三ヘクタールほどの養魚場ができ、父が管理人となって家族が移住、コイ・フナ・ウナギが泳いでいた、と語っている。一八九九年一月生れの高柳が尋常高等小学校五年生とすれば養魚場は一九〇九年四月から翌年三月の間に開設となる。

このように養魚場と蔬菜部は相次いで設置されており、これを書翰の「農事改革」「農業計画」に重ね合わせると、金原家では農業経営の改革を多角化によって進めようとし、その一環として野菜栽培を起業したと仮定することができる。

また、蔬菜部の上部には農場の管理機能とそれを統括する金原家の経営機能（以下「本部」）が存在し、蔬菜部はその枠組みの中で運営されていたと想定される。

### （三）野菜栽培事業の外部環境

浜名郡の田畑作付に関しては一九一二年（明治四五・大正元）の統計がある（静岡‥一九一四）。和田村（カッコ内は郡全体）の田畑は御料地《ごりょうち》・宅地・山林を含む全面積の九〇％（五四％）であり、田畑に占める作付面積の割合は米五〇％（四八％）、麦三七％（三八％）、薑八％（四％）、甘藷三％（七％）、その他二％（三％）である。蔬菜部は米と麦が主流、野菜では薑と甘藷が中心の環境を背景に野菜栽培を開始したことになる。

前述したように蔬菜部は収穫物の販路として近隣の青物市場を利用している。隣村の中ノ町青物屋、蔬菜部から五㎞前後の浜松市場（当時浜松市東木戸）、八㎞前後の中泉市場（当時磐田郡中泉町）である。ちなみに浜松市場は、「明治四十一年十二月」に紛争が解決、「市場は従来の通り浜松東木戸」となり、「栽培者組合は、天神町・曳馬・蒲・和田・飯田・芳川・河輪・五島・白脇の九ヶ村」とされている（静岡県浜名郡役所‥一九一四）。したがって、蔬菜部の菜園を取り巻く販売環境はある程度整っていたようである。

### （四）野菜栽培の事業構造と採算性

蔬菜部による野菜栽培の事業構造と採算性を探るために同部の事業損益を推算する。対象期間は売上開始直後の半年間（一九一〇年七～一二月）とし、数値はすべて円単位の概数とする。科目別に、①売上高一五九円（【表1】参照）、②種苗費一六円＋不明額（薑と里芋の種芋購入額は推定三二円余、翌年の種芋に還元されるので半分を当期間費用と推定、他の種苗費は不明）③肥料費三七円（夏作の肥料予算四六円を基礎にそれ以外を夏作の四〇％と推定、合算額の半分を当期間費用と推定）、④その他材料費（不明）、⑤賃金二五二円（【表3】参照、日給は男常用四〇銭、男臨時・女常用三〇銭、女臨時二五銭にて推定）、⑥その他労務費（不明）、⑦栽培経費（固定資産減価償却費・農具費・修繕費・消耗品費など、不明）、⑧販売費・管理費（収穫物出荷費、本部管理費など、不明）、となる。

推算の結果は、売上高①から推定費用②③⑤を差し引くとマイナス一四六円となり、不明費用②④⑥⑦⑧を入れずに売上高に近い赤字である。

一方、同地の農産物収支（一反歩当り）にはほぼ同時期の調査があり、米は、収入四四・五円、支出二五・五七円、利益一八・九三円、乾薑《かんきょう》は、収入八三・三六円、支出五八・八八円、利益二四・四八円、と高収益である（静岡県浜名郡役所：一九一四）。

したがって、たとえ野菜栽培が新規事業であっても不採算状態は放置できないであろうから、蔬菜部と本部はその改善策を必要とする状況にあったと推測される。

## （五）蔬菜部の事業運営――努力の足跡

蔬菜部が保有していた野菜栽培の知識・技術・経験は知り得ないが、当初から工夫や実験を重ねながら事業運営をしていたと見受けられる。以下はその一端である。

第一は多品種栽培の実施である。一九一〇年四～一二月には使用可能な五一区画すべてによって三〇品種を栽培している。この栽培方法を同期間、同一地の作付状態で見ると、単作一〇区画、二毛作一六区画、三毛作五区画、四毛作一三区画、五毛作六区画、六毛作一区画となる。この試算では、同区画地での混作は二毛作とし、例えば第二四区の場合、表作の越瓜に麦を混作してその裏作（後作）の白菜に黍を混作なので四毛作とした。

これを品種別の作付区画数（一区画六〇坪）で見ると、麦三六、大根一五、里芋一四、黍一四、薑八、葱五・五、白菜四・五と続き、他は三以下である。なお、麦は野菜との混作であり、三六区画中の一四区画は一九一〇年六月一五日の収穫である。しかし、この麦が前年秋に播種される時点で菜園計画はあったのであろうか、また、麦は収穫から販売までに乾燥・脱穀などの日数を要するが同月二〇日記録開始の売上帳に記録がなく、不可解である。

第二は日誌に出現する実験の試みである。例えば、①一九一〇年五月一〇日、胡瓜・茄子に防虫鉱華試験、②同年一二月一二日、品評会出品用の大根・白菜に鰊粕施用、③一九一一年九月八日、大根の蛾虫駆除、人糞尿に種油混合、④同年一一月五～二〇日、麦五種の方案試験（播種・覆土・割土など）、⑤同年一一月二五日、山東白菜を浜松市浪花屋に見本提出、である。

第三は事業管理である。蔬菜部は「収穫物調査票」（文書八－二）によって品種別の損益管理をしている。同票には表題と品種・作付月日・収穫月日・数量・売却代・備考の項目が印刷されている。茄子の場合、購入した早生茄子苗（七二〇本）の栽培実績を記録している。作付面積二畝歩、畦巾一尺五寸、収穫数八六一七ケ、売却額七・九七円などである。

こうした努力は試行錯誤の過程と思われる。特に、土地を有効利用する多毛作には輪作効果・連作障害・地力低下など功罪があり、多品種少量栽培には非効率の面がある。多分、蔬菜部は野菜栽培事業に関する諸策を本部の指導を受けて実施していたのであろう。

### （六）自然災害の頻発と打撃

蔬菜部の菜園は幾度となく自然災害に見舞われている。一九一〇年は、①五月二六日、雹《ひょう》（氷の粒）が降って麦・瓜類・薑に被害、②九月三日、大雨、聖護院大根の根露出、全部除去、翌年は、③六月一九日、暴風雨、瓜・豆・根菜類に被害大、④六月二九日、洪水、養魚場の手伝、⑤七月二六日、暴風雨、茄子・胡瓜が殆ど全滅、⑥八月四日、暴風雨・洪水、二日来の被害で薑・葱苗一反三畝を除く九反が全滅、と続いている。

その中で⑥に際して同日の日誌は次のように記している。

本年は六月廿九日洪水、七月廿五日暴風等諸害交々至り、作物の成育は之が為に甚だしく阻止せられ、わずかに余命を保ちおりしに、今回の暴風洪水にて全く望みなきに至り、一反三畝を除く外九反歩全部、秋蒔蔬菜を作付せざるべからざるに至れり

天竜川西岸に位置し、安間川（天竜川支流）に隣接する蔬菜部菜園は天竜川からの出水、浸水によって甚大な被害を受けたのである。この模様を八月七日付の『東京朝日新聞』は「天竜両岸の泥海」の見出しで「天竜川は明治三十七年以来の大洪水」「田畑の荒廃せしもの八百町歩」などと報道している。

こうして災害に遭遇した蔬菜部は対策を急ぎ菜園の再生をめざしている。すなわち、被災直後から九月上旬にかけての秋冬野菜（人参・体菜・白菜・大根・蕪・菠薐草）の播種、道路を下げて区画地に土入れ、根菜類用の区画地を高畦とする高燥《こうそう》畑作り、などである。しかし、売上高の推移を見る限り急速な回復は困難だったようである。

## 五　おわりに

本章では金原農場蔬菜部による明治末期の野菜栽培を事業として描き出し、その事業を金原家の経営視点で捉えようとした。

第二節と第三節では野菜栽培の事例を作業と事業の両面から写実的に叙述した。しかし、国内、特に同地域における野菜栽培との比較、相対化は残念ながら不十分に終わった。

この事例は蔬菜部史料に依拠するのでその特性について付言する。例えば、①日誌は所定罫紙、毎日定型的に正確な文字で記録、養魚場も同一、②従業員教育の痕跡を示す「国語読方成績調査」（文書八-二）が存在、③売上帳は背表紙に収穫物売上帳などと金色印刷、記録欄に項目を印刷、④肥料予算、勤務簿、収穫物調査票、などの管理帳票が存在、である。

これらは蔬菜部が金原家経営の一部である証しであり、同家に記録重視の管理思想や組織風土があったことを物語る。その結果、高質で豊富な史料として遺されたのである。

第四節では蔬菜部を金原家経営の構成単位と意識し、立地条件や経営課題の思索を試みた。設定事項の輪郭はある程度把握できたが、次の事項は未解明の課題となった。

その一は北海道に設置した金原農場（以下「道農場」）と蔬菜部との関係性である。道農場の輪郭は、①一八九六年（明治二九）に道南（現瀬棚郡今金町・久遠郡せたな町）で開墾事業を開始、一九四四年（昭和一九）まで存続、②資本主は明善（承継者巳三郎）、事業主は鈴木友平（承継者鈴木幾太郎）、事業成果は両者で二分、③国有未開地の貸付・売却（計三三九七町歩）を受けて小作農場を経営、成墾地の一部を小作人に分与・譲渡、である（佐藤：二〇二二）。この道農場に明善と金原家は資本家として深く関与するが、道農場と蔬菜部は入手資料で見る限り、関係性は皆無、類似性は希薄である。

その二は蔬菜部のその後の行方である。手許の史料では暴風雨被害の影響から脱しきれない一九一二年（明治四五）三月に記録が途絶えている。前述で仮定したように蔬菜部の設置目的が農業経営の多角化であれば、プロジェクトチーム的な臨時組織の可能性があり、その期間終了に伴って記録が途絶えたと考えることはできる。しかし、それ以上の推測は困難である。

それはそれとして、野菜栽培事業が金原家の経営にとって意義ある挑戦であり、周辺地域にも貢献したであろうと希望的に想像するところである。

**参考文献**


・青葉高『野菜の日本史』（八坂書房、一九九一年）
・金原治山治水財団編集・発行『金原明善資料』上・下（一九六八年）
・後藤弥一・原田東一郎『穀類野菜栽培法』（大学館、一九〇四年）
・佐藤敏彦「北海道における国有未開地処分と大農場による開墾事業　金原農場資料と道庁土地台帳を素材に」（長井純市編『近代日本の歴史と史料』花伝社、二〇二二年）
・静岡県浜名郡役所編集・発行『静岡県浜名郡誌』下（一九一四年）
・清水達也『未来をもとめてひたむきに　テレビの研究ひとすじに生きた高柳健次郎』（ＰＨＰ研究所、一九八五年）

・柘植六郎『実験蔬菜園芸新書』（成美堂、一九一〇年）
・日本園芸研究会編集・発行『明治園芸史』（一九一五年）
・農商務大臣官房統計課『第二十八次農商務統計表』（東京統計協会、一九一三年）

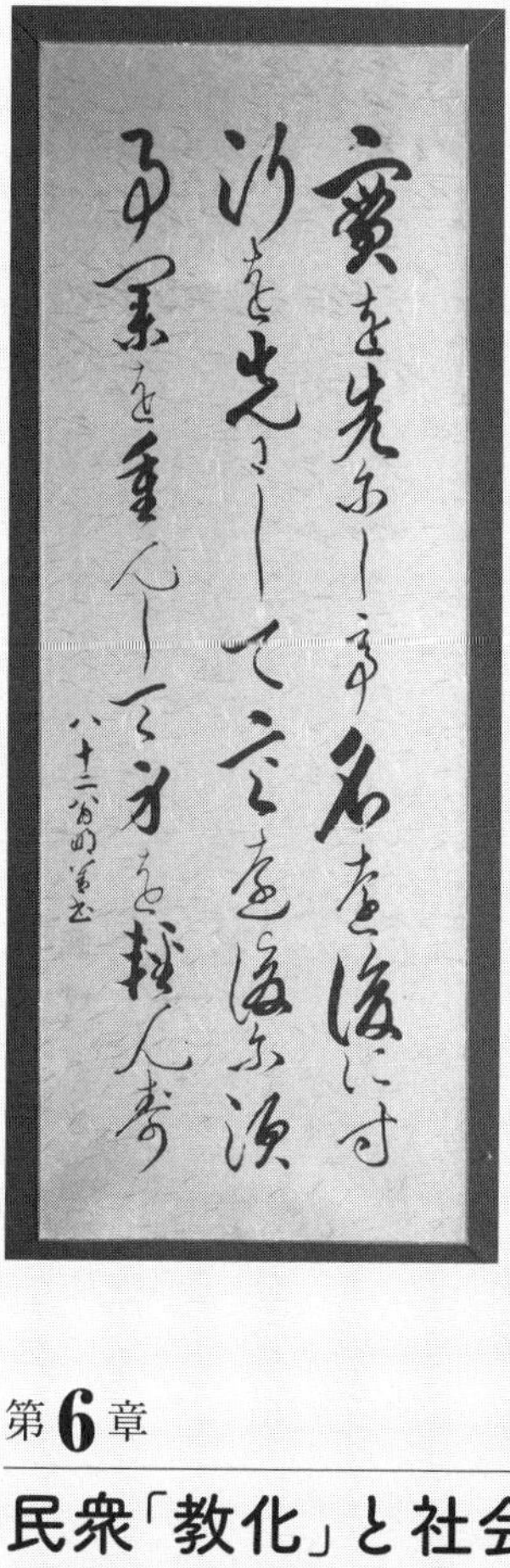

実を先にして名を後にす
行を先にして言を後にす
事業を重んし（じ）て身を軽んす（ず）
写真：明善の格言（金原明善記念館所蔵）

第6章

# 民衆「教化」と社会「改良」を目指す金原明善

## その啓発活動から考える

伴野文亮

## 一　はじめに

本章では、金原明善による民衆「教化《きょうか》」と社会「改良」の実践の位相を見ていく。

一橋大学附属図書館所蔵「金原家文書」には、明善に宛てて出された大量の書簡が遺されている。その中の一群は、全国各地から寄せられた明善に来駕《らいが》（訪問）と講演を請うもの、あるいは講演の礼状などである。明治中期以降、日清・日露戦争を経験して「一等国」としての自信を持つようになった「日本」では、戦後経営の国策として地方改良運動《ちほうかいりょううんどう》が展開され、近代天皇制国家としての体制を強化する営みがみられた（飯塚：二〇一六）。そうした時代状況のなか、地域の名望家や教育会などは、老農や名士に講演を依頼し、地域住民に意識向上を促した。明善に多数の講演依頼が舞い込んだのは、当時既に明善が〈偉人〉として内外の日本で顕彰され、人々から注目を集めていたからであった（伴野：二〇一四）。一方の明善も、全国各地から寄せられる講演依頼に対して積極的に対応し、求めに応じて全国で講演したほか、講演ばかりではなく揮毫《きごう》（毛筆で字や絵をかくこと）の要望についても快く応えていた。

ところで、明善はなぜ、右の講演や揮毫に積極的に取り組んだのであろうか。既存の先行研究では、この点を検討したものはない。よって本章では、右の問いに答えるべく、明善によるさまざまな啓発活動の実践について、時代を遡《さかのぼ》りつつその淵源《えんげん》を辿《たど》りながら考えてみたい。

その際にキーワードとなるのは、「教化」と社会「改良」である。実は明善は、明治初期からさまざまなシーンで社会の「改良」を企図して民衆「教化」の実践に取り組んでいた。あるときは俳諧《はいかい》をツールとして、またあるときは免囚保護《めんしゅうほご》の実践を通して、明善は「教化」の主体として民衆・社会と向き合っていたのである。彼の主体性を規定したものとは、一体何だったのであろうか。本章では、民衆を「教化」して社会の「改良」を目指した明善のイメージを詳らかにしてみたい。

## 二　俳諧の「善用」

### （一）明善と俳諧

まず見るのは、江戸時代に完成して領主層から庶民まで幅広く嗜《たしな》まれた日本文芸の一つである俳諧を用いた社会改良の実践である。

明善と俳諧の関わりについては、意外と知られておらず、明善が俳諧を用いて民衆「教化」に臨んでいたということに驚く方も多いかもしれない。浜松の郷土史研究に尽力した佐々木茂は、摩訶庵蒼山《まかあんそうざん》という俳人についての研究成果をまとめるなかで、彼の追善句集『しら露集』についても精密な検討を加えているが（佐々木：一九七二）、実はこの『しら露集』

は明善が制作したものであった。

『しら露集』は、一八七八年（明治一一）六月に制作された句集である。半紙本サイズの大きさで、総丁数は二四丁である。末尾には、「金原氏蔵版」の印字が見えることから、同書が明善によって作成されたものであることが分かる。なお同書では、蒼山「しらつゆはここをはれなりひと嵐」の発句に続けて明善「千草《ちぐさ》に影をのこす有明」の脇句が添えられて連歌《れんが》が巻かれており、明善も俳諧を嗜む教養を身につけていたことが分かる。

### （二）『しら露集』制作の背景①蒼山への思慕

明善が蒼山の追善法要を主催し、追善句集『しら露集』を出版した理由は、大きく二つある。一つは、蒼山に対する思慕の念によるものである。

蒼山は一八二〇年（文政三）に出羽国で生まれた、江戸時代後期の俳人である。蒼山は一八六三年（文久三）に磐田見附《みつけ》に庵を結んで以降、松島十湖《じっこ》や安間木潤《あんまもくじゅん》らと交わりながら遠州地域の俳諧を指導した。その軌跡は、近世後期の遠州地域における有力俳人だった黙養庵《もくようあん》烏谷《うこく》の門人らと曳馬野《ひくまの》に遊んだ際に詠んだ句をまとめた句集『ひくまののにき』などに遺されている。蒼山はいわば、幕末期の遠州地域における文化を語る上で欠かせない人物であった。

その蒼山と明善とは、ビジネス・パートナーのような関係であった。蒼山は、門人の安間木潤のもとに身を寄せる間に明善と知り合い、幕末期の明善を助けている。例えば明善が、父久平が親類らと共同で始めた貿易商「遠江屋」の負債整理に取り組んだ際には、明善とともに店があった横浜に出向いて整理を手伝った。明善を明治新政府サイドの人間に引き合わせたのも蒼山であった（伴野：二〇二三）。明善は、蒼山が持つ俳諧のネットワークを介して新政府側にいた村岡多聞（桜井梅室《ばいしつ》の息子、能監）と繋がることに成功したのである。換言すれば、蒼山こそが明善と新政府の要人たちとを結びつけ、明治期に明善が治水や植林といった「実業」を浜松地域で展開していく際の協力者を得る土台をつくったのである。幕末維新期の明善にとっても、蒼山は欠くべからざる存在だった。

### （三）『しら露集』制作の背景②民衆「教化」のモチベーション

その蒼山は、一八七七年（明治一〇）に死去した。蒼山の死後、明善が蒼山の追善法要を企画し、さらに追善句集まで制作した背景には、右に示した蒼山から受けた「恩」に報いようとした動機があったことは間違いなかろう。だが、動機はそれだけでは無かった。明善は一連の企画を通じて、俳諧をツールとした民衆「教化」の実践を企図していたと考える。この点について、俳人にして俳文学者であった勝峯晋風《かつみねしんぷう》も、明善が蒼山の追悼法要を発企した背景に俳諧を風教的に善用して行く動機があったとし、明善が俳諧を民衆「教化」の手段として政治的に用いたことを指摘している（勝峯：一九三四）。

その意図は、鳥越《とりごえ》、等栽《とうさい》・関為山《せきいざん》と並んで「江戸三大家」の一人と称され、俳諧教導職《はいかいきょうどうしょく》として活躍していた橘田春湖《きったしゅんこ》を中心とした俳諧結社「俳諧教林盟社《はいかいきょうりんめいしゃ》」の関係者を同句集に複数招待していることに明らかである。具体的には、教林盟社二代社長の春湖を筆頭として、遠江では松島十湖や安間木潤など一〇名のほか、隣接する三河の佐野蓬宇《さのほうう》や尾張の松浦羽洲《まつうらうしゅう》などがいた。春湖は蒼山の旧友であり、あとに挙げた十湖・木潤・蓬宇・羽洲も、春湖の影響を受けて幕末から明治にかけて当該地域の有力宗匠《そうしょう》として活躍した面々であった（春湖の人物像、および蒼山との関係については、秋尾：二〇二三）。特に十湖は、浜松県会議員や引佐麁玉《いなさあらたま》郡長を務めてインフラ整備を進めるかたわら、農業結社「三遠農学社」を指導して農業振興に尽力するなどした名望家であり、三遠地域の「近代」化に努めた指導者であった（浜北市：一九八九）。

教林盟社の活動をみると、一八八〇年（明治一三）一〇月一二日に芭蕉忌を執行し、『時雨《しぐれ》まつり』と題する小冊子を作成・配布したことは分かっているが、民衆「教化」という点でいえば、三森幹雄が主宰する俳諧明倫講社《はいかいめいりんこうしゃ》ほど積極的ではなかったようである。だが春湖は、一八七九年（明治一二）に幹雄とともに『古今俳諧明治五百題《ここんはいかいめいじごひゃくだい》』を編纂・出版しており、三年後の一八八二年には『古今図画発句五百題《ここんずがほっくごひゃくだい》』のなかで「四方拝済みて海山静なり」と、明治政府によって制定された祝祭日を題材とした句を詠んでいる。これらの営みを踏まえれば、春湖も俳諧教導職の一人として少なからず民衆「教化」に向き合っていたとみてよかろう。

総じて明善は、彼らを蒼山追善の企画のもとに糾合し、春湖と同じく俳諧教導職を務め、芭蕉を神道流に顕彰しながら民衆「教化」に臨んだ三森幹雄も加えたうえで、俳諧をツールとして民衆の「教化」に臨んだと考えられる。

現時点で、明善自身が俳諧を「教化」のツールとして用いたと証言した史料は見つかっていない。だが、俳諧を「教化」のツールとする実践は、明善のみならず近世からみられたことであり（田中：一九七五）、その動向は明治の世でもひろく見られた（青木：二〇一〇）。一八七二年（明治五）三月に、近代国家の確立を目指す明治政府によって教部省《きょうぶしょう》が設置され、神官・神職や僧侶といった宗教者に加えて俳人たちも教導職に就いて民衆「教化」に当った（羽賀：一八八四）（谷川：二〇〇八）。教部省自体は、一八七七年（明治一〇）に解体されるが、教部省解体直後の社会にあって明善は、俳諧をツールとして民衆「教化」に臨む主体性から俳諧教導職を務めた春湖らを呼んで蒼山の追善法要を主催し、彼らの句を収録した句集『しら露集』を制作したと考えてよかろう。その意図するところは、生前に多大の恩を蒙った故人に対し感謝の念を忘れずに追悼行事を行うという人道の在りようを、庶民文化として定着していた俳諧を以て体現することにあったといえる。

因みに、同書に序文を寄せた桜井春沙（先述した桜井梅室の息子能監）は同書のなかで、明善と蒼山は「道」を同じくしなかったと証言している。この証言を踏まえれば、明善が俳諧に対し造詣《ぞうけい》の念を深く持っていたとは考えにくい。事実、蒼山の追善企画に関与したのは、自身が主催したもの一度限りであった。この点も、明善が明治初期の時代状況にあって俳諧を風教的に利用しようとしたことの証左と考えてよいと思う。

## 三　免囚保護の実践

次に見るのは、明善による免囚保護《めんしゅうほご》の実践である。免囚とは、罪を犯して投獄された後、刑期を終えて釈放された人のことである。明善は、中山順智によって「更生保護の先覚者」と位置づけられたように、近代日本における更生保護事業の先駆者の一人であった（中山：一九六六）。明善は、有志とはかって勧善会《かんぜんかい》という組織を立ち上げ、半世紀以上も免囚の社会復帰を支援したのである。

### （一）勧善会の概要

勧善会は、静岡県下で監獄のある五ヵ所（静岡・浜松・掛川・沼津・下田）に事務所を置き、「囚徒」の「教化」にあたった組織であった。「勧善会規則」（『金原明善資料下』史料番号六七七）（一八八二［明治一五］）をみると、会の名称や教法委員ほか各種役員に関する規定、会の資本とその運用方法に関する規定（第一〇～一二条）など、全二九条にわたって会の性格が示されている。「序」にあたる部分では、会の設立目的・活動方針が述べられている。第一条には「本会ハ法例ヲ犯シ囚獄《しゅうごく》ニ在ル者ヲ善道ニ導キ放赦ノ後各其所ヲ得テ昭代ノ良民タラシメンコトヲ企望シテ設立シ」とあり、同組織が免囚を「善導」し、「昭代ノ良民」に更生させることを企図して設立されたものであることが分かる。

その免囚たちに、どのような方法で更生を促していくのか。具体的には、僧侶の説教による「教化」であった。一八八二年（明治一五）三月に明善が静岡県令大迫貞清に提出した「浜松監獄署構内地所拝借囚徒説教場設立願」では、「静岡県下各典獄《てんごく》署在繫ノ囚徒ヲ教化」する目的を達成するために、明善が説教場のない浜松典獄署の「構内御差支無之場所ヲ拝借シ、囚徒聴聞ノ説教場ヲ設立仕度候」と願い出ている（『金原明善資料上』史料番号六八七）。ここに、免囚を「昭代ノ良民」として「教化」し、社会復帰させようとした明善のモチベーションの高さを垣間見ることができる。

### （二）活動の内実

注目すべきは、明善が右の願い出をした際に三人の僧侶が説教場設立のために「応分ノ浄財ヲ喜捨」していた点である。その僧とは、解良教俊と釋實源、それに今井東明の三名である。解良は、遠江国山名郡鎌田（磐田市鎌田）にある真言宗智山派鎌田山の金剛院医王寺の僧で、釈は遠江国敷知《ふち》郡山崎村臨済宗安寧寺の住職、今井は遠江国引佐郡奥山村臨済宗方広寺の住職であり、三名とも教導職に任ぜられていた（解良と今井は権少教正、釈は大講義であった）。明善は、民衆「教化」の担い手である教導職と共同して勧善会の事業に取り組んでいたのである。この点は、明善の取り組みが、単なるチャリティとしてではなく、明確に民衆の「教化」を企図したものであったことを示していよう。

さて、明善たちの「願」は達せられ、明善たちは浜松監獄署内に説教場を建立し、「囚徒」たちを善道に導くために説教を開始した。「静岡県浜松監獄署内勧善会説教場設立原因及維持方景況」という史料によれば、三僧は毎日曜日と免業日に四〜七里の道を「風雨寒暑ヲ冒シ」ながら徒歩で監獄署まで通い、自費で七〜八〇銭ずつの供物を仏前に献じて午後「懇篤ノ説教」を「囚徒」に施した。その説教を傍聴した明善も落涙し、また「時トシテハ声ヲ放チ涕泣《ていきゅう》シテ囚徒ノ形状ヲ見ル」こともあったようである。なかでも解良は特に「囚徒」の帰依心を集め、「大概不信教ニシテ慓悍《ひょうかん》難事ノ質」がある「囚徒」も、解良の説教を聞いて「頓ニ柔順温和ニ変」じ、「仏識誨ノ音ヲ聞」かせるようになったという（『金原明善資料下』史料番号八三六）。この史料は、浜松監獄署長を務めた伊藤泰教が地方巡察使関口隆吉に提出した報告書の一部であるが、伊藤は「実ニ金原明善ノ慈善心ヨリ茲ニ至ルト雖モ、三ヶ寺ノ住職ノ篤志モ亦容易ニアラス、其精神貫徹シタルヤ今尚捐金者絶ヘス」と述べ、明善の「慈善心」と三僧の「篤志」を肯定的に評価するとともに、金銭的な支援者が絶えなかったことを伝えている。『静岡県勧善会百年史』によれば、資金援助をして「会友」

となった人物は二〇〇名にのぼり、寄附金の総額は九〇四円であったという（静岡県勧善会百年史編纂委員会：一九九四、九二頁）。

### （三）「賞与金」の施与

勧善会では、説教の他にも、「囚徒」を「教化」するための実践を展開していた。具体的には、模範的な「囚徒」に対する「賞与金」の施与である。ある模範囚は、一八八五年（明治一八）一月一一日に勧善会会長の明善から「浜松監獄署入檻中本会ノ教義ニ感シ翻然慈悲ヲ悔悟シ改心ノ実践相現レ他囚ノ模範ト相成候」ために「本会之規則ニ遵」って金五円が与えられている。勧善会の会則第一四条には「罪囚ノ改心シタル者放免ノ後其本籍ニ復帰スル者ハ本会ニ於テ其管轄庁若クハ郡役所等ニ依頼シ五圓ヨリ多カラス貳圓ヨリ少ナカラサル賞与金ヲ恵贈スルヘシ」とあり、報奨金の授与は例規に基づいてなされたのであった（『金原明善資料下』史料番号六七七）。右の取り組みからは、刑期を終えた「囚徒」の社会復帰を助けると同時に、「模範」的存在を表彰することで他の「囚徒」を感化しようとした明善ら勧善会の狙いが垣間見える。

以上のように、明善は勧善会を立ち上げ、「囚徒」の「教化」に臨んでいた。順調に活動していた勧善会は、一八八八年（明治二一）三月に活動の重きを釈放者保護に置くべく組織替えを行い、静岡県出獄人保護会社となった。背景には、それまでの「総囚教誨《きょうかい》」（囚人全員に教えを施すこと）から個人教誨への、教誨方法をめぐる県の方針転換があった。組織改編に伴い、明善は組織のトップから身を引くが、運営への関与を止めることはなかった。明善は、組織の運営資金を調達すべく、次にみるように全国で講演と揮毫を展開した。そこにも、民衆の「教化」に臨む明善の姿を見て取ることができる。

**（四）勧善会のその後と明善の関与**

一九〇〇年（明治三三）、同社は財団法人静岡県出獄人保護会社となる。これに先立って明善らが内務大臣西郷従道に提出した「静岡県出獄人保護会社設立願書」には、同社設立の目的として「静岡県出獄人ノ内不幸薄命ニシテ社会ノ門戸ニ入リ正当ノ職業ニ就ク能ハサル者ヲ保護シ各其所ヲ得昭代ノ良民タラシメント希望」する「志」が述べられており、同社が「出獄人」を「保護」して「昭代ノ良民」としようとしていたことが分かる（『金原明善資料上』史料番号七二二）。

トップの座を退いていた明善は、社による募金計画と並行して会社の基本金造成のために全国各地を廻り、各界の名士に寄附を申し入れるようになる。渋沢栄一の証言によれば、明善は「出獄人保護会社の基本金を造る」目的で渋沢を訪ね、「其の趣旨を述べた後に『而も其の基本金は浄財を以て造りたい。貴方の財産は浄財であると考へてお願ひに来た。私は滅多に寄附など頼まぬ、今度だけはどうか出して下さい』と言」ったという（渋沢・・

一九一六）。後日、渋沢は書簡にて「曽而《かつて》御中聞《おもうしきかせ》相成候《あいなりそうろう》免囚保護事業《めんしゅうほごじぎょう》ニ関し、小生より寄附金之件ハ不充分なから別冊ニ記載返上仕候《つかまつりそうろう》間《あいだ》、其《その》金員ハ御都合次第受取人御遣し可被下候《くださるべくそうろう》」と明善に伝えており、最終的に渋沢は明善の求めに応じて出獄人保護会社にいくらかを寄附したようである（渋沢青淵記念財団龍門社：一九六五）。

渋沢に寄附を依頼したように、明善は勧善会の事業を行うための寄附金集めに積極的に関与していた。一九〇六年（明治三九）九月に明善は「出獄人保護事業基金ノ寄附ヲ求ムル主意」と題する文章を作っている（『金原明善資料上』史料番号七五二）。右の史料のなかで、明善は、自身等が運営する免囚保護の取り組みを「博愛仁慈」の「文明的事業」と位置づけ、その事業に対し寄附を求めた。

注目すべきは、明善が同社の存在意義を語る際に「囚徒」を「保護」して「遷善改過ノ結果ヲ得」ることそれ自体ではなく、その結果「社会」「同胞」の経済的負担を減らし、かつ「一等国ノ名」に恥じぬよう体面を保つことができると述べている点である。ここに明善が、免囚保護の取り組みに積極的に関わり続けた理由を認めることが出来る。明善は免囚を「保護」し「教化」することを通じて、国家と社会のために尽くそうとしたのであった。

四　講演と揮毫による「教化」

### （一）国家主義者としての肖像

明善は「国家」を強く意識する主体であった。その思想的傾向は、前項までにみてきたように、明治初期から一貫していた。一八七九年（明治一二）に作成された、一八七三年（明治六）に皇居が焼失したことを受けて明善が「同志」と謀って再建費用の献納を訴えた「皇居御建築相成度並献納金之儀ニ付懇願書」のなかで、明善は、皇居再建にあたっては「我国固有ノ宮殿造」を採用すべきと主張している。その理由は、外国との交際に際して外国人の賓客に対して「古来ノ形状」を示し、「古来慣行ノ朝儀」を行う上で適しており、「人民に対しても無暗に洋風に流されているわけではないという意思表示にもなる。他方、洋風模造は、ただ「未開人」を眩惑《げんわく》させるのみであり、予算の都合で短期間に建造できる程度の構造では、却って外国人に笑われる一端となってしまい「杞憂《きゆう》ニ堪《た》へ」ない。明善はこのように述べて、「同志」とともに再建費用の献納を願うのであった（『金原明善資料上』史料番号六七九）。

右の史料からは、明善の国家意識を見て取ることが出来る。史料中、明善は天皇を「世界万国比類無」き皇統をもつ「尊上」と位置づけ、自国を「皇国」と表現している。また、つい十数年前まで自身らが生きる世界の最高権力者であった徳川家の本拠地江戸城をして

「臣下の廃宅」・「臣下の旧第」と言い切り、そこに「尊上」である天皇を住まわせていることに恐縮する傍ら、外国人からの視線や評価に対し過分に注意を払っている。藤田覚は、日本国が「皇国」と呼びあらわされるとき、そこには他国を見下す自意識が表明されていると述べているが（藤田：二〇一七）、あるいは明善の国家意識にもそのような思惟があったと考えられようか。これらの点からは、明善が自身を天皇の「臣民」として明確に位置づけ、意識しながら、文明国家の仲間入りを目指して外国人からの視線を気にするひとりの「国民」の姿を見て取ることが出来る。

明善のこうした思想は、その後も形成されていた。一八八七年（明治二〇）に明善は、それまでの国家に対する献身が評価され、従五位の位階を下賜されることになった。だが、明善はこれを固辞した。明善によれば、「日本国の人」であれば日本国を度外することなど「如何敷事《いかがわしきこと》」であり、「日本人が日本国の為に尽力は当然と奉存候上は位階も勲章も更に不奉望《のぞみたてまつらざ》」ることである、というのである（『金原明善資料上』史料番号七〇〇）。ここには、日本人である以上自国のために力を尽くすのは当然のことであるという明善なりの国民意識が見て取れる。そしてそこには、強固な「日本国の人」としてのアイデンティティの表出が見られるとともに、国家のために働く主体こそ「日本国の人」＝日本国民としてあるべき姿という認識を垣間見ることが出来るのである。

## （二）明治後期の時代状況との対峙

明治二〇年代以降、明善が殊更に国家主義の思想を前面に出した背景には、自由主義思想の台頭や「高等遊民」問題の発生といった時代的・社会的状況があったと考える。一九〇九年（明治四二）に発行された『商業界』という雑誌に寄稿した論説で、明善は次のように持論を展開している。明善によれば、近頃は「自由」という語が方々に散見されるようになったが、「現今の青年」は「自由即ち我儘《わがまま》」と認識し、「脳味噌の腐敗し切つた人間ばかり」という。つまり、明治維新前は気概と自営を尊む人間が多かったのが、時を経るに従ってそうした思想状況は「退化」してしまった。こうした現状認識を踏まえて明善は、現今の「実業青年」には私欲を慎み、「我儘勝手放題を為さ」ぬように戒める。「夜の目も睡らぬ憂国の士こそ、真に我大日本帝国の民として誇るに足る」と言い切り、「天下国家の為めに、独立自営の事業を起し、国の富を殖やして貰い度い」。そう断言して明善は、「惰弱《だじゃく》なる現代の青年を鞭撻《べんたつ》」するために「猛省せよ、猛省せよ、猛省して立て奮《ふる》え」と檄《げき》を飛ばしたのであった（金原：一九〇九）。

## （三）揮毫による「教化」

こうした明善の姿は、数々の新聞や書籍といったメディアに掲載され、明治二〇年代から〈偉人〉として社会に認識されるようになった（伴野：二〇一四）。その結果、明善のもとには全国各地から揮毫の依頼がもたらされるようになる。一例を挙げれば、長州出身の維新志士であった桂弥一は、『大阪朝日新聞』に載った明善の伝記は読者を大いに「感化」させるものであり、自身の周辺にも「俄かに金原宗に改宗」した者も少なくないほどに「不良之人も感化され善良之もの」にする程だから頑張ってほしい。ついては、知人のために「何か御教訓之語か詩類」で良いので「御揮毫願」いたいと、明善に書の揮毫を求めている（『金原明善資料下』史料番号四六二）。ほかにも、愛知県立第三中学校の生徒は、卒業に際し明善による「勤倹力行《きんけんりきこう》」の四字を母校に贈りたいと揮毫を請い（『金原明善資料下』史料番号四〇七）、徳島県在住の山内なる人物からは当地での講演を通して「御訓話に預」かったことに謝意を述べた上で、その講話が「官公吏学生其他各種階級の人々に感化を与」えること多大だったと、明善に礼を述べる。それに続けて、一九〇二年（明治三五）に明善が発行した『経歴及希望』で記した三つの「本領」（「実ヲ先ニシテ名ヲ後ニス」・「行ヲ先ニシテ言ヲ後ニス」・「事業ヲ重ンシ身ヲ軽ンス」）を認めて送ってほしいと明善に懇願する。山内によれば、右の「金言」を、来県した際に撮影した明善の肖像とともに掛け軸にし、それを家宝にしたいのだという（『金原明善資料下』史料番号四七〇）。昨今、古書店やインターネットオークションなどで明善が認めた書の掛け軸が頻繁に売買されているが、その源流にはこうした明善の揮毫を求める人々の存在があったのである。人々は、明善がもつ「感化」力を得ながら、自身の家や地域の「改良」に臨もうとしていたのであった。

## （四）講演による「教化」

明善の「感化」力を頼る動向は、揮毫の依頼だけではなかった。明善のもとには、全国各地から講演の依頼が来ていたのである。例えば、一九一〇年（明治四三）一一月二三日には三重県四日市市教育会長福井銑吉から次月開催予定の総会に「御臨席の上御講話」をして欲しいという依頼状が届けられている（『金原明善資料下』史料番号四六九）。こうした依頼に対し、明善も積極的に応えたようで、明善のもとには講演の礼状も多数遺されている。同年一一月二一日には、京都府立第四中学校長北畠貞顕から、明善が同校の「全生徒」に対して「御高諭」を聞かせたことに対する礼状が届いている（『金原明善資料下』史料番号四六七）。また、翌一一年（明治四四）一月一二日には静岡県立農学校長細田多四郎から明善に対し、「弊校職員生徒等の為めに態々御枉駕《おうが》昼夜長時間に亘《わた》りて種々有益なる御訓話御聞かせ」くださったことに感謝する礼状が出されている。特に職員に対する訓話は「格別有りがた」かったといい、理由は戊申《ぼしん》詔書《しょうしょ》の渙発《かんぱつ》を受けて「感奮興起」している職員たちを「更に大に励精」したと推察されるからだという（『金原明善資料下』史料番号四七三）。このように明善は、全国各地の教育現場で講演を行っていたのであった。

## （五）郷里浜松の地域指導者として

明善は、講演や揮毫といったさまざまな手段を用いて自身の国家主義の思想を開陳し、人々を「教化」しつつ社会の「改良」に取り組んだ。時代はまさに日清・日露戦争を経て日本が「一等国」となる一方で、地方改良運動によって全体主義の風潮が一段と高められた時期であった（宮地：一九七三）。かかる時代状況下のなか、明善は郷里・浜松で地域指導者として活躍していた。一九〇八年（明治四一）一月、明善は郷里和田村の村長に「当選」し、以後二年間村長として村内の風紀粛正に努めた（『金原明善資料下』史料番号三五九）。これに先立ち明善は、有志とともに修養団体を立ち上げ、地域住民に「修養」を促して社会の「改良」を達成させるべく努めた。具体的には、躬行《きゅうこう》同志会の活動である。

### （六）躬行同志会の活動と明善の立ち位置

躬行同志会は、一九〇一年（明治三四）に明善や長男の明徳、長上郡有玉村（現在の浜松市）の高林維兵衛らを中心に結成された団体である。明善は同会の会長であった。一橋大学附属図書館所蔵「金原家文書」には、一九〇一年（明治三四）五月に作成され、同会設立の目的や会則を記した一枚刷りの資料である「躬行同志会ノ主意」（KM-19-28）や、一九〇三年（明治三六）一月から翌年の一月まで使用されたと思われる同会の「会費簿」（KM-19-7）など、同会の実態が窺える史料が複数遺されている。「躬行同志会ノ主意」によれば、同会の所信は「身ヲ修《おさ》メ家ヲ斉《ととの》へ推シテ社会邦国ニ及ホシ勅語ニ示サル（る）、所忠孝ノ臣民タルヘキ責務ヲ全フスルニ在リ、蓋《けだ》シ家ノ富ヲ致シ身ノ貴キヲ致スモ修身斉家《しゅうしんせいか》ニ由《よ》ラサルモノハ臣民ノ模範トスルヲ得ス」（第二条）に見られるとおり、修身斉家の実践を以て教育勅語で示された臣民としての責務を全うし、以て模範的臣民像を示すことにあった。同会が結成された明治三〇年代は、内務省が地方改良運動を推し進めんとしていた時期である。そうした時代背景のもと、内務省による「思想善導」キャンペーンを地域レヴェルで下支えするように、同会でもさまざまな試みがなされた。右の「会計簿」に、著名な経済学者であった田尻稲次郎の講演会開催に関する諸経費が書き上げられているのは、右の時代的社会的要因によるものであろう。

つまるところ躬行同志会の活動は、本文の至る所に「質素倹約」や「勤倹」の文言が現れていることから考えて、いわゆる通俗道徳の実践をベースとした「臣民」教化の取り組みと捉えてよかろう。地方改良運動が国家の政策として展開し始めて以降、明善は内務省や中央報徳会の要人たちと頻繁に交わりながら、民衆の啓発に努めた。その姿は例えば、中央報徳会の機関誌『斯民《しみん》』上における「日本人ニ懇願之件」という題の文章に見て取ることが出来る。このなかで明善は、(1)国家と父母に対する「孝行」の体現と(2)教育勅語・戊申詔書・軍人勅諭の「実行」、(3)海外のことよりまず自国のことを考えるべき旨の三箇条を掲げ、以て「御国体ノ事ニ勤メ」、殊に「先帝」＝明治天皇の「御精神」に沿って「上下一心不乱」に国のために尽くして欲しいと訴えた（『金原明善資料上』史料番号七八九〔八〇四〕）。明善は、近代日本が「帝国」として肥大化していく過程にあって、自身の国家主義イデオロギーを頻繁に公表しながら、民衆を帝国の「臣民」とすべく力を尽くしていたのであった。

## 五　むすびにかえて

本章では、明善による民衆「教化」と社会「改良」の実践について、明治一〇年代から四〇年代にかけてのさまざまな取り組みを素材として検討してきた。明善は、俳諧といった文芸から免囚保護にみられる社会福祉事業まで、さまざまな取り組みを通じて民衆の「教化」とそれに伴う社会の「改良」に力を発揮していた。また、彼が〈偉人〉として世間に認知されるようになると、明善は地元である浜松に限らず全国各地で講演活動を行い、人々の求めに応じて書を揮毫することを通じて、「一等国」となった帝国日本における模範的「臣民」の創出に力を尽くした。

こうした諸実践の背景には、明善における国家意識と国民意識が関係していた。明善にとって日本という国は、「世界万国比類無」き皇統《こうとう》をもつ「尊上」としての天皇をいただく共同体であり、その国の民＝「臣民」は、文明国家としての矜持《きょうじ》を高く持ちながら国家のために尽くす存在でなければならない。――こう考えた明善は、あるいは明治二〇年代以降はいわゆる「高等遊民」問題や自由主義・社会主義思想の台頭に危機感を抱きながら、あらゆる機会を設定して「教化」と社会「改良」の実践に取り組み続けた。その努力が実を結び、多くの人々が明善に「感化」された様子は先述したとおりである。

だが、忘れてはならないことは、明善の取り組みは総じて、近代天皇制国家における民衆統合＝支配をもたらすものであったという点である。明善による「教化」も社会「改良」の実践も、究極的には天皇をいただく「帝国」日本という社会と、それに対し積極的に献身する主体としての「臣民」の創出に他ならなかった。明善の思想や取り組みから学び得ることが少なくないことは事実であるが、この点を捨象してただ明善を礼賛することは、厳に慎まなければならない。

**参考文献**

・青木亮人「「道」と「文学」　明治の「庶民教化」と子規の俳句革新について」（『國語と國文学』第八七巻六号、二〇一〇年）
・秋尾敏「橘田春湖研究　国学・伊勢派という視点から」（『短詩文化研究』第八号、二〇二三年）
・飯塚一幸『日清・日露戦争と帝国日本』（吉川弘文館、二〇一六年）
・勝峯晋風『明治俳諧史話』（大誠堂、一九三四年）
・金原治山治水財団編『金原明善資料　上下』（金原治山治水財団、一九六八年）

・金原明善「ドウすれば独立自営が出来るか」（『商業界』第九巻一〇号、同文館、一九〇九年）
・佐々木茂『摩訶庵蒼山全集　第一―三巻』（私家版、一九七二年）
・静岡県勧善会百年史編纂委員会編『静岡県勧善会百年史』（金原治山治水財団、一九九四年）
・渋沢栄一「忠実貞良の臣民」（水野定治編『天龍翁金原明善』積文館、一九一六年）
・渋沢青淵記念財団龍門社編『渋沢栄一伝記資料　第五六巻』（一九六五年）
・田中道雄「立川曽秋と『曽秋随筆』　蕉門俳諧と石門心学の接点として」（『鹿児島大学教育学部研究紀要』第二七巻、一九七五年）
・谷川穣『明治前期の教育・教化・仏教』（思文閣出版、二〇〇八年）
・伴野文亮「金原明善の『偉人』化と近代日本社会　顕彰の背景とその受容」（『書物・出版と社会変容』第一六号、二〇一四年）
・同「越境する「偉人」金原明善：植民地支配における「偉人」の位置づけをめぐって」（『日韓相互認識』第六号、二〇一五年）
・同「摩訶庵蒼山追善句集『しら露集』にみる明治期「旧派」の位相」（『連歌俳諧研究』第一四四号、二〇二三年）
・中山順智『金原明善　更生保護事業の先覚者』（静岡県更生保護協会、一九六六年）
・羽賀祥二『明治維新と宗教』（筑摩書房、一八八四年、のち法蔵館文庫ライブラリー、二〇二二年）
・浜北市『浜北市史　通史編　下巻』（浜北市、一九八九年）

・藤田覚『幕末から維新へ』（岩波新書、二〇一七年）
・町田祐一『近代日本と「高等遊民」　社会問題化する知識青年層』（吉川弘文館、二〇一〇年）
・宮地正人『日露戦後政治史の研究』（東京大学出版会、一九七三年）

【付記】本章は、JSPS 科研費 JP23K12270 の助成を受けたものである。

写真：明善記念館における資料整理の様子（伴野撮影）

第7章

# 地域史教育のなかの金原明善

## 高校での教育実践から考える

井口裕紀

## 一　はじめに

「金原明善を知らないとか、ありえないんですけど」。私の指導する、静岡県立浜名《はまな》高等学校史学部の活動の中で生徒によって何気なく発せられた一言であるが、改めて、浜松地域の若い世代における明善の認知度の高さを感じたものである。県西部、とくに浜松市においては、多くの学校で義務教育期間に金原明善を学ぶ機会があり、詳しいことは覚えていなくても、明善の名前や天竜川治水の功績について自然と刻み込まれているようであった。これだけをみても、金原明善は地域史教育の素材として広く活用されてきており、郷土が誇る〈偉人〉として子供達の間に共有されている。

二〇二一年（令和三）度に部員が在校生の一部にアンケートを実施したところ、「金原明善を知らない」と回答した生徒も一定数あり、出身中学校を分析したところ県中部や磐周《ばんしゅう》地区出身の生徒の回答に認知度の低さが見られた（浜名高校：二〇二一）。アンケートの母集団が約八〇名であったため、もう少し多くの回答を求めて再調査する必要があるが、現在の所、義務教育期間中に金原明善を教材として取り入れていることが、子供達の地域史教育の出発点となっていることは間違いない。

## 二　「地域史」と「郷土史」

地域史教育と明善を語る上で、「地域史」と「郷土史」の違いについて確認しておきたい。私を含め多くの人びとの間で、地域史と郷土史は同じような意味で使われていると思われる。

教育現場における「地域」と「郷土」の用語使用については、昭和四四年版学習指導要領（中学校）において、「郷土学習」とよばれていたものが「地域学習」と呼ばれるようになり、昭和三〇年代から四〇年代にかけて「郷土」の用語が減少し「地域」に置換されていく現象が指摘されている（花輪・西垣：二〇一四）。

本章で私は「地域史」について、「郷土史」の概念を含むより大きなカテゴリーを想定し、郷土の歴史として扱う事象に加え、通史との関係で起る動きや世界とのつながりを示す事象についても目を向け、地域の未来について考えていく学問であると考えた。このことを意識した上で、高等学校の教育現場において、金原明善を素材としてどのような実践が可能であるかを考察してみた。

## 三　地域史学習の素材としての明善——六つの視点

今回「地域史教育の素材として金原明善をどのように捉えることができるか」というテ

ーマをいただいている。そこで、「明善研究をとおして、地域史を拠点とした、高校生の歴史認識を育てることができるのではないだろうか?」というスタンスから、浜名高校史学部、あるいは高等学校の教育現場が、今後明善の継続研究をする際にどのような視点で取り組んだら良いかを考え、以下の六つの視点についてその可能性を模索してみた。

### (一) 防災学習の視点

まず一つめの視点は「防災学習の視点」である。明善以前の天竜川治水事業に尽力した人びとや天竜川流域に住む人びとの生活の知恵について調査し、明善の事業につなげていく視点である。二〇二二年(令和四)度に浜名高校史学部は、磐田市草崎《くささき》地区に古くからある三軒の「乾《いぬい》張り屋敷」(磐田市史編纂委員会:一九八九)についてフィールド調査を実施し、住民に聞き取りを行い、天竜川の氾濫《はんらん》や豪雨、遠州の強風といった災害に備えた造りであることを研究発表会で報告した。本報告は二〇二二年度静岡県高等学校総合文化祭郷土研究部門研究発表大会で最優秀賞を受賞し、全国大会への出場権を獲得した。調査を通して気づいたことは、天竜川左岸地域では、昔から災害への自助努力が見られ、防災の意識が高いということである。この地域には、近世から水防組合《すいぼうくみあい》が結成され、犬塚祐一郎《いぬづかゆういちろう》の治水事業をはじめ、組合の村民たちが築堤《ちくてい》の普請《ふしん》にあたっていた(磐田市歴史文書館:二〇一三)。明善が一八七五年(明治八)に治河協力社を設立した際にこの地域の現地の人びととどのような協力関係を築き上げたのか、明善とともに水防にあたった現地の人物として挙げられる者があるか、継続研究を行うことは可能であると思われる。

継続研究として対象とする磐田市南部地域は、旧長野村の前野・草崎・小島、竜洋《りゅうよう》の掛《かけ》塚《つか》地区であるが、掛塚地区は、天竜川東派川の締め切り工事を巡って明善と対立している。いつもは明善の視点から見ているのだが、現地の人びとからの視点でみた明善について知る必要もある。磐田市南部地域は今回の研究でフィールドとした地域であるため、生徒たちにもなじみのある地区である。「明善＝偉人」という枠組みにとらわれず、生徒たちには、さまざまな見方をしてほしいと思う。

また、二〇二一年（令和三）度に本校史学部部員が金原明善の研究を行った際に、静岡県近代史研究会での伴野文亮氏の研究報告を聴講することができた。その際に、天竜川左岸の治河協力社関係人物を紹介している。その中で名前が挙がっていたのが、遠江国山名郡福島村（元磐田市福田《ふくで》）の寺田彦八郎《てらだひこはちろう》、遠江国磐田郡於保村（現磐田市五十子、大原、下大之郷）の川島滝蔵《かわしまたきぞう》、遠江国磐田郡井通村西之島（現磐田市福田）の熊谷三郎馬《くまがいさぶろうま》であった（伴野：二〇二二）。この地域は天竜川東側でもあり、太田川やその支流である仿僧川（もとは天竜川の支流）の氾濫に苦しんできた地域でもある。現磐田市福田地域、太田川流域の地域の名望家の人びとが明善の事業に参画していることに対して、同じく防災の意識が高い磐田市南部の長野・竜洋地区の人びとが、明善の治河協力社とどのような関係をもっていたのかを調査してみることは、とても興味深く、意義のある地域史研究になると思われる。

### （二）用水事業に注目した、天竜川の恵みの視点

二つめの視点は、主に浜名用水などの用水事業に注目した「利水」の視点である。「治水」と同時に「利水」の視点に注目して、明善の遺志をついで行われた用水事業が地域にどのような恩恵をもたらしたのかを調査するものである。明善の設立した「浜名耕地整理組合《はまなこうちせいりくみあい》」についての研究や、用水事業に反対した村の事情（浜北市：一九九四）、用水の恩恵を受けた地域とそうでない地域など、地域の実情を調査してみるものである。また、天竜川左岸の寺谷《てらだに》用水など明善以前の用水事業や、太田川流域の治水事業との比較調査をすることも必要だと思われる。用水や築堤については、近世から近代にかけて輪中争いや用水争いの記事が散見され、先述の掛塚地区住民と明善の対立に見られるような利害の対立、治水や利水、築堤によって田畑を失ったり、移住を余儀なくされたりした人びとの視点も必要である（磐田市教育委員会文化財課：二〇一〇）。

また、話が少し飛ぶが、日本の中世以降にみられる共有地や共有財産について、現地の人びとがどのように掟を定め、その思想が現在にどのような影響を与えているかについて、民俗学的な視点から地域の未来につなげていく視点も面白いと思われる。

### （三）地域産業学習の視点

三つめの視点は、「実業家」としての明善に注目した、明善の起業や会社経営、会社再建事業における明善の才能を分析する視点である。戦前の修身の教材では、あまりこうした側面は強調されていないように思えたため、生徒にとって新鮮な明善像を探究することが出来る。また明善は、多くの企業の経営再建にも関わっているため、明善のお金の使い方、というところに注目した研究も良いのではないかと思われる。そこで重要になってくるのが、近代日本の金融事業との関連、とくに大日本報徳社《だいにほんほうとくしゃ》の金融活動との関係性である。二〇二二年度に浜名高校史学部が、鹿島《かじま》の水神伝説「金貸水神《かねかしすいじん》」を研究した際に、伝説の成り立ちに近世から近代の庶民の金融活動（無尽講《むじんこう》）が関係している可能性を指摘した。金融に対する生徒のネガティブな見方を転換させ、積極的な庶民の金融活動が地域の経済を支えていた事実を研究することで、遠州の殖産興業についてその実態が明らかになるかも知れない。同じく金融を営んでいた金原家がこの動きとどのように関わっていたかを知ることは興味深い視点である。お金を「寄付」するよりも、低利子でも良いから「貸付ける」ことで債務者に対して責任を持たせる、という考え方は二宮尊徳の思想にその起源があり、報徳による金融活動の理念となっている（中村：二〇一五）。「金を借りることはよくないことだ」という生徒の思い込みを改め、庶民の金融の実態を解き明かし、明善がこの地域の金融ネットワークにどれだけ関わっていたか明らかにしていきたい。

また、明善とともに植林事業を行い、天竜運輸株式会社の経営にあたった平野又十郎《ひらのまたじゅうろう》について研究する視点を挙げてみたい（御手洗：一九六二）。平野が発起人となった同心遠《どうしんえん》慮講《りょこう》は、貯蓄、会員の修養、教育機関への融資といった活動が注目されている。同心遠慮講の会員によって女子教育の必要性が主張され、これが浜名高校設立の歴史とも関係しており、平野はある意味、浜名高校の設立者といってもいいかもしれないが、この点はあまり知られていない（浜北市：一九八九）。平野が明善から学んだことは何か、浜名高校の歴史に間接的に明善が関わっていることに生徒らに注目させて探究していく視点が考えられる。

### （四）日本の更生保護事業の現状と課題に注目した視点

令和三年度の金原明善研究において、生徒が興味関心を示した明善の事業が、明善の更生保護事業についてである。明善が更生保護事業を手がけた理由は何か？　実際に明善は出獄人《しゅつごくにん》を自分の会社で雇用したのか？　といった疑問が生徒から生まれている。今後、更生保護事業に実際に尽力した川村矯一郎《かわむらきょういちろう》との関係についての調査や、静岡県勧善会《しずおかけんかんぜんかい》へのインタビュー調査など具体的に研究を進めていく。また部活動引退後も、個人的に現在の日本の更生保護事業の問題点について探究した生徒もあり、保護司が民間のボランティアのようなものであり、その高齢化が問題となっていることを指摘した。明善の更生保護事業が実際にどの程度効果を示したかについて、新たな資料が見つかることを期待している。

### (五) なぜ教科書から消えたか?――教育史学習の視点

戦後の教育民主化政策のなかで修身が廃止され、自然と明善についての記載も教科書から消えていった。一方で、渋沢栄一は教科書に大きく扱われ、偉大な実業家、日本資本主義の父として教材化されており、二〇二三年度から本格的に始まる「日本史探究」の教科書、例えば、第一学習社出版の『高等学校日本史探究』において、一ページ近くにわたって渋沢栄一がピックアップされている。

歴史教科書の内容は、国の教育方針が大きく影響している。生徒たちは、明善をもっと教科書などで取り上げてほしい、と言っていたが、再び明善が日本の近代史で取り上げられる可能性はあるだろうか? あるとしたら、明善のどのような側面に注目して掲載されるのだろうか?

二〇二二年度、高等学校の歴史学習が大きく変わり、「歴史総合」「日本史探究」「世界史探究」が新設された。教科書は「教える」ものから、「調べるツール」に変わり、生徒が探究を深める過程で明善にたどりつくことも十分考えられる。教科書のページに明善が登場することは難しいかもしれないが、明善を一つの例として、「防災」「教育」「産業」「金融」「地域創生」といった分野に探究を広げ、教科書や端末を駆使して生徒自身が問いをたてて結論を出していくその過程を評価する授業展開が期待される。

我々は、これまでの旧課程における歴史教育の実践においても、例えば長期休業の課題として、調べ学習やテーマ学習を設定し、レポートの提出やプレゼンテーションを行ってきている。その手法は「歴史総合」や「日本史探究」でも発展的に継承されていくものである。したがって、生徒が地域史研究に触れる機会として、今回の金原明善は「防災」「教育」「産業」「金融」「地域創生」といった視点を意識した調べ学習やテーマ学習を行うことが出来るものである。浜松地区の生徒は、義務教育の課程で『のびゆく浜松』（浜松市教育委員会編）を活用した学習を行っており、明善の治水事業については多くの生徒がその基本を学習している。明善研究のスタートとして、生徒自身が小中学校で学んできた「明善の基本」を他地域から進学してきた生徒に教える、という場面も設定することができる。小中学校でも学びを共有した上で、さらに新たな明善像を探究する学習活動を展開することができるだろう。

先述のように修身は、戦後の教育民主化政策のもと授業が停止され、明善の生き方を模範とした修身の教科書は使われなくなった。明善と同じく、修身教科書の教材としての定番であった二宮尊徳《にのみやそんとく》についてはどうだろうか？　報徳仕法《ほうとくしほう》の創始者である二宮尊徳は、修身の教材として広く親しまれ、勤労の象徴として少年期の銅像が学校に設置されていた。

日露戦争後の苦しい時期を乗り切るために政府が戊申《ぼしん》詔書《しょうしょ》を発布して、地方改良運動《ちほうかいりょううんどう》を展開していく中で、二宮尊徳の報徳仕法が脚光を浴び、全国的に二宮尊徳への崇拝が行われる。政府は地方の租税負担力を増大させ、地域はそのコミュニティの力で自立し経済力を付けていくというWin-Winの関係を図ったが、同時期を生きた人びとの中には政府からの圧を感じていた者もあった。歌人の与謝野晶子《よさのあきこ》がそうした思いを短歌の中にも詠み込んでいる。晶子は二宮尊徳や報徳仕法を否定しているのではなく、政府の役人が二宮の哲学を深く理解することなく、結果だけを期待して流行り物に飛びつくように金次郎を連呼していることに、生きにくさや腹立たしさを感じていたのである（松村：二〇二二）。二宮尊徳は現在、歴史教科書において優れた農政家、報徳仕法の創始者として登場する。戦前に金次郎が「もてはやされた」事象について教科書の本文中に大きく扱われることはない。

　修身の教材の中には、戦後の教育カリキュラムを構成する際に、教育を受ける者に「政府の思想的押しつけ」や「国策に利用された」と感じさせられるものはGHQをはばかって警戒され削除されたものがあるかもしれない。明善についても、修身の教材でどのように扱われてきたのか、もしかしたら警戒されるものだったか、修身の停止とともに、なんとなく消えていったのか、教育史における明善の扱いを考察する視点も大切であると思われる。

### (六) 神様になった明善──思想教育としての視点

明善神社は一九四二年(昭和一七)、金原林《きんぱらりん》の梅の平事務所の近くに建立された(金原治山治水財団:一九六八)。明善神社について、どんな神社か、純粋に気になるとの生徒からの意見が出ている。明善神社建立の背景や、自身が「祭神」になっていることについて、明善や子孫の方はどのように思っているのか聞いてみたい。立地の場所から考えると、山の神の信仰とも関係があるのか、また明善神社の祭典はどのようなことを行っているのか知りたいとのことである。明善については、瀬尻に金原明善翁顕彰《けんしょう》碑《ひ》が建立されたが、顕彰することと祭神とすることとは、また違った意味合いがある。神社が建立された一九四二年(昭和一七)の時代背景と共に明善を祭神としたことの歴史的意義について慎重に考察する必要があるだろう。

## 四 まとめ

地域史教育の素材として、金原明善をどのように捉えることができるか──私自身もそうであるが、多くの人びとが明善について「地域の偉人」と捉えている。研究を行った部員たちは、はじめての本格的な探究活動において悩みながらも、「金原明善―明善から学ぶ―」というタイトルを設定し、明善の事績から自分たちが学ぶべき事は何か、未来に活かせることとは何か、という視点で研究発表を行うことができた。そこでの明善は「学ぶ対象」であり、それは最初から「偉人である」という設定のもとで行われていた。私たちは、そこからさらに一歩を踏み出し、一橋大学附属図書館所蔵「金原家文書」や未整理の一次史料に触れながら、資料からわかる明善のリアルな姿、本章で紹介した六つの視点から見えてくる明善の新しい姿を紡ぎ出していきたい。

## 参考文献


・磐田市教育委員会文化財課『いわたふるさと散歩北部編』（磐田市教育委員会、二〇一〇年）
・磐田市誌シリーズ「天竜川流域の暮らしと文化」編纂委員会編『天竜川流域の暮らしと文化　上下巻』（静岡県磐田市磐田市史編纂委員会、一九八九年）
・磐田市歴史文書館『暴れ川とたたかった人びと　磐田の水害と治水』（磐田市歴史文書館、二〇一三年）
・土屋喬雄監修『金原明善』（金原治山治水財団、一九六八年）
・伴野文亮「一次史料から立ち上げる治河協力社の研究：金原家文書「事務書類」を手がかりとして」（『一橋大学附属図書館研究開発室年報』第九号、二〇二一年）
・中村雄次編『遠州報徳の夜明け』（西遠連合報徳社、二〇一五年）
・花輪由樹・西垣安比古「学習指導要領における「郷土」から「地域」への変遷に関する考察　昭和四〇年代に存在し続けた「郷土」への着目」（『日本建築学会計画系論文集』第七九巻、二〇一四年）

・浜北市編『浜北市史　通史編　下巻』（浜北市、一九九四年）
・浜名高校史学部「金原明善　明善から学ぶ」（『伎倍』第二三号、二〇二一年）
・松村由利子『ジャーナリスト与謝野晶子』（短歌研究社、二〇二二年）
・御手洗清『遠州偉人伝　第一巻』（浜松民報社、一九六二年）

**【参考資料　アンケート結果について】**

校内二クラス六九名を対象に、金原明善についてのアンケート調査を行った。

（浜名高校史学部「金原明善―明善から学ぶ―」（『伎倍』第二三号、二〇二一年より）

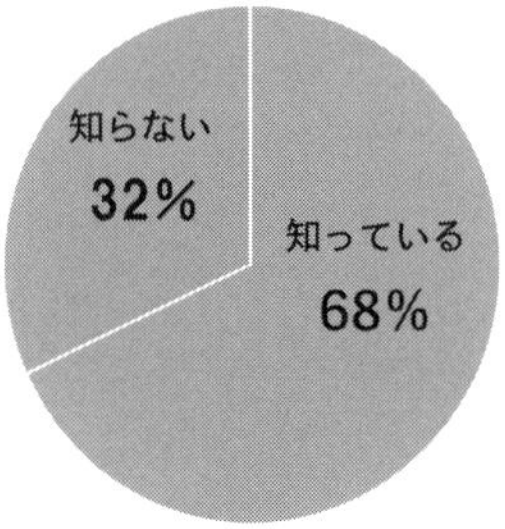


**❶金原明善を知っていますか？**

全体の６８％の生徒が「知っている」、３２％の生徒が「知らない」と回答しました。金原明善を「知っている」と回答した割合が高い生徒の出身中学は、浜北地区（浜松北部、麁玉、北浜東部）や天竜地区（清竜、光が丘）、浜松市東区（積志、天竜）、三方原地区（三方原、北星、都田）が多く、「知らない」と回答した割合の高い生徒の出身中学は、静岡県中部地区（長田西、大浜）、磐周地区（豊岡、周南）、湖北地区（細江、三ケ日）、浜松市南区（東陽、南陽）だった。

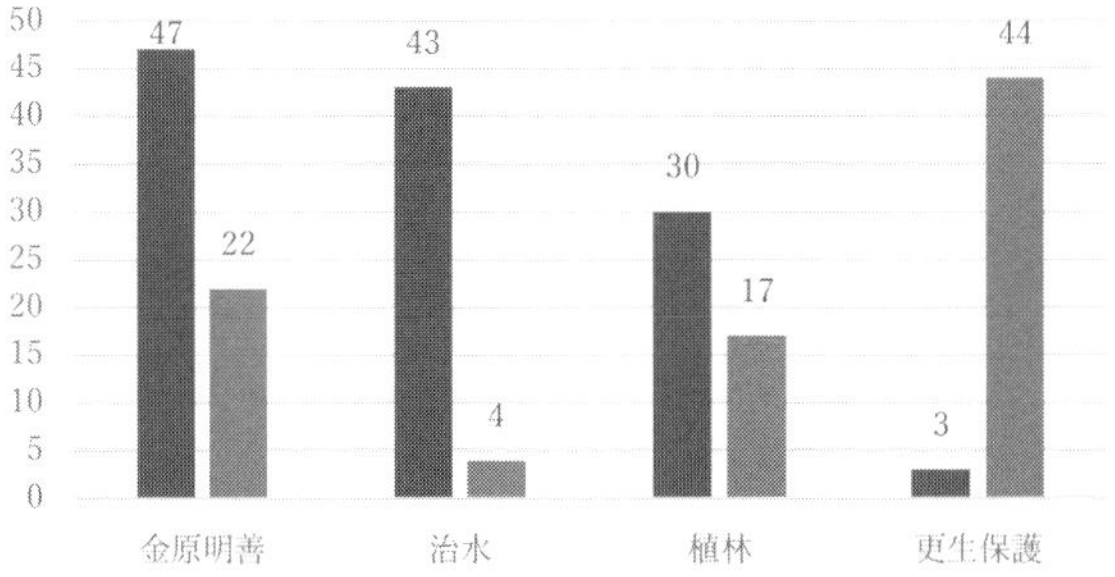


（左：知っている　右：知らない）

**❷金原明善の各事業について知っていますか？**

①で「知っている」と答えた４７人のうち、

・治水　４３人が「知っている」

・植林　３０人が「知っている」

・更生保護　３人　が「知っている」

と回答した。

コラム❷

# 高校生が調べた金原明善

## 明善研究に挑んだ高校生の声から

井口裕紀・浜名高校史学部

### 一 はじめに

静岡県立浜名高等学校は、浜松市浜北区に位置する普通科高校であり、二〇二二年（令和四）に創立一一〇周年を迎えた伝統校である。浜名高校史学部では主に郷土史研究を行っているが、歴史だけでなく、自然地理・産業・公民分野など広く人文社会科学全般をテーマとして活動し、年に一度、生徒の活動や研究発表の成果を部誌『伎倍《きべ》』にまとめて発行して、文化祭で配布している。

浜名高校史学部は一九五四年（昭和二九）に創部され、二〇二三年（令和五）で六九年目を迎えた。創部当時から、旧浜北市内の発掘調査を手がけており、『浜北市史』編纂《へんさん》に大きく貢献してきた。また、一九八一年（昭和五十六）には、第二十五回旺文社《おうぶんしゃ》全国学芸コンクールで文部大臣奨励賞を受賞し、その後も顧問の先生方の指導で、部誌『伎倍』に優れた研究成果を残してきている。

私たち史学部が、金原明善をテーマに選び、研究発表大会に参加したのは、二〇二一年（令和三）の一一月のことであった。研究発表大会では、各学校一五分間の持ち時間の中で、自分たちが研究した成果をパワーポイント等で発表する。例年一〇校ほどの発表があり、最優秀賞に選ばれた二校が次年度に行われる全国大会への出場権を獲得する。私たち史学部は、全国大会への出場を目標に日々活動している。

はじめて高等学校文化連盟（以下、高文連）の研究発表大会に出場したのは、二〇一八年（平成三〇）であり、浜松市浜北区尾野《おの》の歴史をテーマに、尾野村の成立と小野氏について研究した。前年の大河ドラマで放送した「おんな城主直虎《なおとら》」に登場した小野氏との関係もあって聴衆に興味を持ってもらい、審査員の方々から激励の言葉をいただいて今後浜名高校が大会に毎年出るという目標ができた。まさに、史学部のスローガンである「歩け、見よ、聞け」を実践した本格的な発表であったと思われる。その後は毎年研究発表大会へ出場し、浜松市浜北区中瀬《なかぜ》でかつて盛んであった養蚕《ようさん》事業の研究や、引佐の凱旋門《がいせんもん》、浜松空襲や戦争遺跡の研究などを行ってきた。

令和三年度静岡県高等学校総合文化祭郷土研究部門研究発表大会において、三名の生徒が「金原明善―明善から学ぶ―」というタイトルで、主に治水と植林、明善の更生保護事業について取り上げ、研究発表を行った。この発表では優秀賞を受賞したが、残念ながら全国大会出場はならなかった。彼らのレポートは、二〇二二年に発行した部誌『伎倍』に掲載されている。

生徒が「金原明善について研究発表を行いたい」と言ったのは、二〇二一年の年明けすぐのことであった。彼らは教員側からテーマを持ちかけられる前に、自分たちの方から「明善をやりたい」と申し出てきた。

明善を研究テーマにすることに対して、まず、私が感じたのは「どうしよう」という不安であった。なぜならば、これまでに研究発表にとりあげてきたテーマは「審査員や聴衆があまり知らないだろう」というものを選んできたからである。研究発表大会では、「新たな切り口」「超ローカル」「新しいことを知ることが出来た（知られざる〇〇）」という視点で評価が高くなる傾向がある。一つめの心配事として、金原明善が有名すぎて、審査員が厳しく見るだろうということだ。もう一つの心配事は「結論が出ないかも…」ということであり、これも明善が有名すぎて、調べている途中で時間切れになってしまうかもしれないという懸念であった。

とりあえず、やれるだけやってみよう、ということで、浜松市東区安間《あんま》町の明善記念館を数回訪問した。何か新しい視点を見つけてみよう、という思いであった。実際に記念館を訪れ、私自身が、明善について本当に一部しか知らなかったことに気づいた。今回の研究の指導にあたっては、私と生徒のスタートラインは全く一緒であり、むしろ、遠州の生徒の方がよほど明善について知っているかもしれない、だから、記念館で私が注視したのは、「いかに新しい視点やテーマを見いだすか？」ということであった。

記念館を訪れた生徒たちは、さまざまな資料を前にして、何を研究しようかと一生懸命考えていて、館長の金原さんが一つ一つ丁寧に教えてくださることに対して、熱心にメモを取り、明善を研究するための材料はほんとうに豊富にあるのだ、と感じた。ただ同時に、「生徒たちは、明善の何を解き明かそうとしているのか？」「明善研究の問いは何か？」を考えることの難しさに悩んでいた。

また、この年は、新型コロナウィルスが猛威を振るい、緊急事態宣言が発令されて、学校の部活動がかなり制限され、最もフィールドワークを行える八月～一〇月に部活動は校内のみ、との通知を受けて、取材活動を延期せざるを得ない状態が続いた。そんな中、生徒たちは、借りてきた本を一生懸命読み、内容をまとめるなど努力していた。

記念館以外に生徒と訪問した先は、掛川市の大日本報徳社《だいにほんほうとくしゃ》である。明善記念館で館長の金原さんから『遠州報徳の夜明け』（西遠連合報徳社、二〇一五年）という本をいただき、その中に明善の記述があったため、緊急事態宣言のあけた一〇月に大日本報徳社を訪問して、遠州の報徳運動についてレクチャーを受けた。明善の比較対象となるものがあるとまとめやすいのではないか、と思ったからである。遠州の報徳運動については、それだけでも大きなテーマなので、今回は明善の思想と何か関連があるかを見つけたかった。この訪問により、晩年の明善が報徳社の訓導《くんどう》となったことや、二宮尊徳と金原明善の活動に共通点があったことなどについて教えていただいた。

今回の明善研究の大きな収穫の一つは、浜名高校史学部と伴野氏とのご縁ができたことである。生徒は静岡県近代史研究会で伴野氏のお話を聞き、「明善をさまざまな視点から見る」体験ができたと思われる。今回うかがったお話は、前章の「地域史教育のなかの金原明善」で触れた。金原明善研究は「やりつくされている」と思っている方々も多いのであるが、全然そんなことはない、ということに私自身が気づいた。その後、伴野氏が史学部に連絡をくださり、二〇二二年三月に生徒と対面することがかない、氏の指導を受けることができるようになった。

伴野氏との交流は、その後、氏との共同研究に参加させていただく、という形で発展していくことになった。明善研究については、当初継続研究にすることは考えていなかったが、三年生引退後、部として明善研究を続けていく方向をとった。伴野氏は、その後も来校してくださり、地域史研究の意義や一次史料の扱い方、史料をアーカイブすることの重要性について教えてくださった。今後、部員たちが、明善をどのように捉えていくのかが楽しみである。明善の継続研究が決定し、生徒たちの研究がどのように発展する可能性があるかについても考えていきたい。

史学部は、二〇二二年一一月に行われた令和四年度静岡県高等学校総合文化祭郷土研究部門研究発表大会において、目標としていた全国大会への出場を決めることができた。令和四年度のテーマは地理（防災）と伝承（民俗学）であるが、両者ともに天竜川をフィールドとしている。最優秀賞を受賞した「天竜川下流域の人びとの防災と暮らしの知恵」では、磐田市南部の草崎《くささき》地区（旧長野村草崎）にのこる「乾《いぬい》張り屋敷」とよばれる住宅の特徴的な構造に注目して調査し、実際にどのような防災と暮らしの知恵が見られるのかを考察した。「乾張り屋敷」とは、乾（＝北西）の方向が舟の舳先のようにとがっていて、周りの土地よりも一～二メートルほど高い構造をもつ住居であり、本研究においては、実際に三軒の住宅を訪問して住民の方に聞き取り調査を行い、屋敷の構造や屋敷内部の生活様式について実地調査を行った。そして、住宅の土塁や屋敷内の高く盛られた場所などの構造が水害を防いでいることや、四～五メートルに及ぶ高い槙《まき》囲いによって遠州のからっ風とよばれる強風から守られていることを確認した。また、屋敷内に古くからある「お蔵」がかつて防災倉庫や避難所としての機能を有していたこと、近隣住民の避難を受け入れていたこと、屋敷内の樹木や果樹が自給自足を可能としていたこと、北西の方向の「地の神様」を祀っていることなど、地域の拠点として機能していたことも考察の結果明らかになった。本報告を行った生徒は、自然環境と地形の特徴を利用して災害対策や暮らしをより良くするための工夫をすること、先人の防災や暮らしの知恵を学び取り、現代や後世に伝えることの重要性を学び取った。

本研究が最優秀賞を獲得できた要因として、テーマが明確で結論がしっかりと導き出されていること、必要なフィールド調査が緻密で適切になされていること、表現方法も工夫されていてわかりやすかったことが挙げられる。この研究をしているときには意識していなかったが、天竜川下流域の水防や人びとの暮らしをめぐる調査については、明善研究と深いつながりがあることが指摘できる。このことについても、前章「地域史教育のなかの金原明善」にて触れた。

また、優秀賞となった「鹿島の水神伝説」、通称「金貸水神」についても、同じく金融という視点を通して明善と共通点があるものと思われる。本研究は、天竜区鹿島《かじま》に伝わる「神様が病を担保にお金を貸してくれる」という不思議な伝承「金貸水神伝説」についてこの伝説がいつ、どのようにして成立したのかを解明しようとした研究である。具体的には、病に苦しむ人達が、自分の病気を質に借金証文を書き水神様に借金を申し入れる、期限がきても返済できないかわりに質に入れた病気をお取り上げくださる、という他地域には見られない独自の伝説であり、文献調査と聞き取り調査をもとに考察を行った。水神社の初見資料、底本とされたと思われる文献の特定、天竜地区の無尽講《むじんこう》など庶民の金融活動が確認された年代とを総合的に考察した結果、伝説の成立時期は元禄年間～一九〇九年（明治四二）の間であり、伝説の舞台となった洪水は明応の大地震を意識しており、伝承がごく一部の人々によって語り継がれ、大正～昭和初期にまとめられたことがわかった。また、取材をすすめていく過程で、現在は行われていない水神様の祭礼「祇園祭」が行われていた事実が新たに明らかとなった。聞き取り調査によると、この祭礼は水難防止や安全祈願を主体とし、川で亡くなった人たちの鎮魂を目的としていたとのことである。一方で、「金貸水神」の伝承についてはほとんど認知されておらず、「水神様がお金を貸して、病気を治してくれる」という伝承は認知されていなかったが、祇園祭をとおして地域住民と水神様が深く結びついていたことを知ることができた。前章でも触れたが、今まであまりスポットが当てられてこなかった近世の庶民の金融活動と金原家の金融と関連づける視点があることに気づくことができたように思われる。

また二〇二二年一二月には、静岡大学人文社会科学部主催の第二十四回静岡歴史教育研究会特別企画、高大連携社会科研究発表会にも参加した。一一月の大会では質疑応答や詳しい講評をいただく時間がなかったが、今回は多くの審査員から感想や助言、講評をいただくことができた。そのなかで、偶然にも、「今後金原明善の研究をやってみてはどうか？」といった助言をいただき、生徒たちの間で、明善研究について、是非結果を出したい、という気持ちが強くなった。引退した三年生も、共通テスト前の忙しい期間に時間をつくってくれて、令和三年度に行った明善研究について一年生にレクチャーを行い、資料を提供してくれるなど、部内でのチームワークも強くなっていった。明善研究は、私たち浜名高校史学部の大切な研究テーマとして、今後も真摯に取り組んでいきたい。

つづいて、金原明善研究に取り組んだ三名の生徒たちの感想を掲載する。生徒が研究活動をとおして感じたことや学んだことについて、あたたかく見守っていただければ幸いである。

## 二　金原明善研究をとおして

浜名高校史学部　畑陽日希　伊藤晴信　森下陽斗

### （一）明善との再会　◉畑陽日希

明善のことを習ったのは小学校だった。小学校で金原明善のことを学習し、金原明善のことをみんなで調べ、クラスで社会科見学に行った。おそらく、明善の生家（記念館）だったと思う。明善についてのお話も、そこで聞いた記憶がある。これが初めての明善との出会いだった。その時は、天竜川を治した人、という印象が一番強かった。

浜名高校に入学し、偶然史学部に入り、再び明善の研究をすることになった。小学校のときよりも、もっと深く明善のことを知り、考えた。天竜川治水事業以外にも、さまざまな事業に関わっていたことを知り、とても驚いた。

研究発表大会に出場するにあたって、はじめは、「どういうふうに、研究をするのか？」「そもそも研究とは？」「明善を研究するとはどういうことなのか」などについて、頭を悩ませた。その人（明善）の生活とか、その人だけでなく周りの協力した人とかも調べて、より人物像が深く浮かび上がってきた。研究とは、調べていきながら「おそらくこうなんじゃないかな？」と想像し、真実の姿を求めることなのではないかと考えた。僕にとって明善は「偉人」、ますます尊敬の念が強まった。

研究をしていて大変だったことは、資料がたくさんあって、どれに手を付けていいのか、わからなくなったことだ。「明善について調べる」というテーマが壮大だったので。大会前になって、いろいろと修正することがあった。明善のような大きなテーマに挑戦するにあたって、特に「明善のどんなところを特に調べたいか」「明善について特に知りたいことや疑問に思ったことは何か」を早めに絞っておけば、たくさんの資料の中から、必要な資料を精選して取り組むことができたと思う。

今まで、ひとつのテーマを長い時間をかけて調べる機会があまりなく、人前で発表する機会もそんなになかったので、いい経験になった。

## （二）充実した瞬間《とき》　◉伊藤晴信

僕は天竜地区に住んでいて、身近な天竜の自然にふれているので、一年かけて取り組むなら金原明善一択だった。小学校五年生のとき総合学習で、「好きな歴史上の人物を調べよう」という時間で、自分は明善を選んだ。天竜川に関係のある人、ということで興味を持って調べたことが初めての出会いである。天竜川の治水や植林について功績を残した人物、ということは、わりと早い段階で知っていた。

研究では、天竜川の治水事業について、もっと詳しく調べたかった。記念館に行き、書物を読み、明善のさまざまな事業や知られざる功績についても知った。しかし、自分にとって、明善は「治水の男」であったから、天竜川の流路を今の形に整形し、水害を防ぎ多くの命を救ったことを一番評価したい。なぜなら、自分は天竜出身の人間で、天竜川とともに生活しているからだ。今回の研究では、災害対策、明善のその後を含む災害対策について調べきれなかったので、そのことが心残りである。

研究発表大会では、主に明善の植林事業について発表を担当した。ただ木を植えるだけでなく、流通業に発展させていたこと（天竜木材会社の設立）がすごいと思った。明善には、社会事業家としての側面と、実業家としての側面とがあり、実業家としての明善に触れたのは今回が初めてだった。実業家というと、ふつうは利益をあげることを第一に行動すると思っていたが、明善の事業をみると、社会貢献のイメージが強くなった。私利私欲ではなく、社会に利益を還元する思想が素晴らしいと思った。

研究では、たくさんの資料から、それを分かりやすく伝えるには、どのように「構成」するか、を考えるのが一番大変だった。何をやったかを明確にわけ、わかりやすい写真を大きめに表示することや、図を表示することで当日のプレゼンテーションを行った。

研究を通して成長したことは、パソコンの操作やスライドの作成に際して、いかに分かりやすく伝えるかを工夫し、人前で話すことができたことである。

以前は、明善について、「川と山の人」と思っていたが、想像していた以上にいろいろな活動をしていて「思ったより活躍している人」、だから教科書にものってほしい、と思った。今回、研究に当たってアンケート調査を行った。明善の知名度は思ったより高かった。知らない人もいるのではないか、と思っていたが、予想よりも知られていた。事業については、やはり「治水と植林」のイメージで、更生保護事業についてはほとんど知られていなかった。

研究発表大会後の高文連の講評をうけて、みんなが知っていること、すでに先行研究が豊富な分野を探究することの難しさを知った。しかし、自分が本当にやりたかった「天竜川と金原明善と私たち」というテーマを選んだことに後悔はない。自分が知りたいことをとことん調べることに喜びを感じた。

## (三) 人間、明善と向き合って　◉森下陽斗

自分が一番好きな時代は戦国時代で、中世の武士が活躍する時代を研究したいな、と思っていた。歴史が好きで、伝説や伝承にも興味があり、歴史小説やドラマもよく見ていた。近現代史では、幕末や明治維新などよくドラマなどで取り上げられる時代は詳しいが、産業史や生活史についてはそこまで詳しくなかった。

明善についていては、生家をみて、この時代の名士であり有力者であることに驚いた。

小学校で明善を習ったときに、彼が「あまりいい家の生まれではない」といったイメージを持っていた。「貧しくて苦労した人なのかな、やさしくてお金をみんなにあげちゃうおじいちゃん」とも思っていたので、こうした思い込みがあったのかもしれない。

今回、明善が有力者の出身で、実業家としてさまざまな事業を立ち上げて、破綻した会社を再生させたり、金融事業で活躍していたりしたことを知り、驚き、明治時代の資産家についてのイメージが変わった。自分の利益だけ考えているのかと思っていたが、常に地元の地域のみんなのために自分の財産を使っているのだと思った。明善が貧しい、と勘違いしていた理由として、彼の質素な生活や倹約をこころがけた面が印象に残っていたからかもしれない。今まで、「偉人＝お金持ち」のイメージしかなかったが、明善のような地域の名望家に注目したいと思った。

明善は、想像していたよりもっとすごい人であった。更生保護事業は、当時だれも目をつけていなかったのに、出獄人保護事業を支援していた。今回、人・動き・心構えについて明善から「生きる目的」「だれかのためにやっても自分の利益になるように」「だれも不幸にならないように」ということを教えてもらった気がする。

今回、明善の研究に関連して、大日本報徳社を訪問した。晩年の明善が報徳社で講演を依頼されたことから、報徳思想と明善の事業の関係性について調べてみた。明善が「日本人っぽい人」で「昔の、勤勉で努力家」なところや、「道徳の無い経済は悪であり、経済のない道徳は戯言である」という報徳の教えや実利と道徳の両立を明善の生き方の中にも感じた。

明善の生き方は当時の日本人が、だれもが憧れる生き方だったのではないかと思う。戦前の修身の教科書にも載っていたのが納得できた。戦後、明善の記述が教科書から消えた理由は、GHQの占領政策と関係があるのだろうか。翼賛体制に協力的とみられてしまったのか。この辺りについて、もう少し調べてみたいと思っている。

再び明善が教育界で扱われるときは、「地元の偉人」「社会貢献」の側面だけでなく、実業家としての明善や、明善の更生保護事業にももっと注目してほしい。明善は、人を大事にしたのかな。前科者であっても更生した人材を雇った道徳的な面もあり、実利的でもあるし、それが雇用の促進と再犯防止にも繋がっていると思った。

研究にあたって大変だったことは、資料の探し方である。資料はたくさんあるけど、自分が探している資料が、どこにあるのか。例えば、明善が、自分の会社でどれだけの出獄人を雇用したのかという資料を探したのだが、なかなか見つからず、大変であった。探究するときには、やりたいテーマについて何を特に調べたいのかをしぼってから行動するといいかな、と思った。

明善の研究をとおして「理想だけじゃだめなんだな」「どれだけいい言葉を使っても、それだけじゃなくて、それに合わせて自分が行動しなければいけない」、ということを学んだ。研究発表は明善の事業紹介で終わってしまったことが心残りだった。更生保護事業の事績は、審査員の先生方でも知らなかったことだったので、ここをもっと掘り下げてもいいのでは？との助言をいただいた。部活動を引退した後、後輩たちが明善の研究を続けてくれるということを聞き、ぜひ、自分たちが行った研究をさらに深めていってほしいと思っている。

写真：金原家文書の整理風景（伴野撮影）

# おわりに

## 〈偉人〉金原明善を見直す

渡辺尚志

## 一　ローカルな〈偉人〉金原明善

本書を手に取られた方のなかには、金原明善をよく知っているという方もいれば、初めて聞いたという方もいるだろう。明善はローカルな〈偉人〉だといえようか。本書第7章（井口裕紀）にある、静岡県立浜名高等学校の在校生を対象にしたアンケート調査の結果によれば、六八％の生徒が「金原明善を知っている」と答えたという。また、現代の高校生にとって、明善は探究に値する人物の一人になっている（井口裕紀ほか執筆のコラム❷参照）。静岡県西部においては、確かに明善は「有名人」なのである。

では、全国的にはどうだろうか。二〇一八年（平成三〇）は「明治一五〇年」に当たるということで、同年には各省庁・地方自治体・企業等が各種の関連事業を実施した。二〇一八年一月の通常国会冒頭の施政方針演説において、当時の安倍晋三首相は、明治を生きた人々の代表例として、東京帝国大学の総長になった山川健次郎とともに金原明善を取り上げて、大略次のように述べた（「朝日新聞」二〇一八年一月二三日朝刊による）。

子々孫々、洪水から村を守るため、明善は植林により治水を行なった。三〇〇万本もの木を植える壮大な計画だったが、多くの人たちが賛同し、それぞれが自身の持ち味を生かして植林に取り組んだ。多くの人たちの力を結集することによって築き上げられた森林は、一〇〇年たった今でも、肥沃な遠州平野の守り神となっている。こうした明治の先人たちに倣って、「女性も男性も、お年寄りも若者も、障害や難病のある方も、全ての日本人がその可能性を存分に開花できる、新しい時代を、皆さん、共に、切り拓いていこうではありませんか」。

首相の施政方針演説でも取り上げられるほどに、明善は全国的にも注目される人物だといえる。また、明善を顕彰する書物は二一世紀に至るまで出版され続けている（たとえば三戸岡：二〇〇七など）。三戸岡の著書の帯には、「日本中に心の木を植えた、植林の二宮金次郎」とある。

明善の植林活動については本書第1章（伴野文亮）を参照されたいが、このように明善は全国的にも今日一定の知名度をもっている。ただし、静岡県以外では明善を知らない人のほうが圧倒的に多いだろう。そうしたローカルな〈偉人〉明善について、彼の没後一〇〇年を機に、手放しの賞賛とは異なる角度から考えてみようというのが本書の意図である。

明善の直筆も多数含む、金原家に伝えられた文書群は、現在は一橋大学附属図書館に所蔵されており、仮目録が作成されて全体像が把握できるようになっている。文書保存箱約八〇箱におよぶ膨大な金原家文書からは、「身分・出自・性別・貧富などの違いにかかわらず、すべての人にチャンスが与えられた明治という時代」、「一致団結して明るい近代を切り拓いた明治の人たち」という安倍元首相の歴史認識には収まり切らない、明治という時代の葛藤と陰影に彩られた一面をも具体的に知ることができる。

## 二　明善を見直す三つの視点

明善については、治水・植林への貢献や、実業家・社会事業家としての側面が注目されてきた。明善の生涯については本書巻末の年表を参照されたいが、本書で特に重点を置いたのは以下の三点である。

第一は、明善の活動を、一人の偉人が自己の理想を一筋に貫いていく過程と捉えるのではなく、当時の全国的な政治・経済・社会状況や、周囲の多くの人々との相互関係のなかに位置づけようとしたことである。

第4章（棚井仁）は、明善の治水・植林活動の経済的基盤について考察したものである。明善が治水や植林に貢献したことはよく称揚されるが、それらの活動には当然金がかかる（金原家の私財を提供するだけでは足りない）。しかし、明善がその活動資金を調達する過程にみられる特徴については、これまであまり注目されてこなかった。第4章では、その点に関して、①治水事業は、国家による資金面での救済に頼る側面が大きかったこと、②植林の資金は「金原家の銀行」というべき東里為換店《とうりかわせてん》から調達していたが、それは東里為換店の経営にとってはリスク要因となっていたことなどが明らかにされた。②の点は、明善の実業家としての資質を考えるヒントにもなろう。

また、コラム❶（高柳友彦）では、明善の活動が、彼のもつ広範な人的ネットワークに支えられていたことに注目している。明善は、静岡県内にとどまらず、東京の政財界人や皇室関係者にも幅広い人脈をもっており、また彼自身も東京に進出してそこで実業家として活動したのである。

第3章（伊故海貴則）は、堤防会社や治河《ちか》協力社を設立して行なわれた明善の治水事業を、地域のさまざまな集団・組織との関わりのなかで考察したものである。そこでは、①治河協力社と天竜川流域村々との間には、互いに利用し利用される側面と、対立する側面とがあったこと、②そうした両側面は、堤防会社・治河協力社と材木商会（材木商人たちの同業者組織）や小区《しょうく》（広域地域団体）との間にもみられたことが述べられている。明善の活動は、地域住民のつくる多様な集団・組織との相互関係のなかで進められたのである。明善と地域社会とは、相互に規定し規定される関係であり、明善は地域に生きる一個の主体、地域社会の改善を目指して積極的に活動する主体であった（明善の治水事業については渡辺：二〇二二、第6章をも参照）。

以上の各論考からは、明善が一面では「時代の子」であり、当時の政治・経済・社会状況を前提に活動し、その一方で状況に積極的にはたらきかけていたことがわかる。また、明善も地域住民の一人であり、彼の活動を地域に生きる多数の人々との関係のなかに位置づけるという広い視野をもつことが重要であろう。

本書で重視した第二の点は、明善と金原家のこれまであまり知られてこなかった側面に光を当てようとしたことである。

第6章（伴野文亮）では、明善が民衆を「教化」する際に、俳諧《はいかい》という文化的ツールを活用していたことが述べられている。また、明善が免囚《めんしゅう》（刑期を終えて出獄した人）の保護事業を行なったことは比較的知られているが、彼の意図のなかには免囚自身の更生だけでなく、それを通じて「一等国ノ名」に恥じないよう日本国の体面を保つという意図が存在していた。彼の免囚保護事業や全国各地での講演活動の背景にあったのは、それらの活動を通じて民衆を「教化」し社会の「改良」を図ることによって国家に貢献したいという強い思いであった。

第5章（佐藤敏彦）では、一九一〇年代前半に金原家が設けた金原農場蔬菜部《そさいぶ》の活動について述べられている。この時期、金原家では、農業経営の多角化による経営改善を目指して、金原農場蔬菜部において多品種の野菜栽培を試験的に行なった。

明善と俳諧の関わりや金原農場蔬菜部の活動については、従来ほとんど知られていなかった。また、免囚保護事業と国家主義イデオロギーとの関連に着目するというのは新たな視点だといえる。このように、明善と金原家のこれまでほとんど論じられてこなかった一面に光を当ててそのイメージを豊富化したことが、本書の第二の意義だといえよう。

　本書で重視した第三の点は、明善を長い時間軸のなかに置いて見直したことである。明善は一八三二年（天保三）生まれで、一八六八年（明治元）には三六歳の壮年になっていた。したがって、江戸時代における明善と金原家、安間村《あんまむら》と天竜川流域村々の状況をおさえておくことは、明治以降の明善の活動を理解する前提として不可欠だといえる。本書第2章（渡辺尚志）は、この課題に迫ろうとしたものである。そこでは、①天竜川の治水にかける彼の切実な思いは、江戸時代以来、彼と金原家・安間村が繰り返し被ってきた洪水被害の実体験から生まれたものだったこと、②彼の治水への取組みの歴史的前提として、江戸時代における天竜川流域住民のさまざまな努力や工夫があったことなどが示された。

　また、第1章（伴野文亮）では、明善の生前と死後にわたって、それぞれの時代の要請に応じて、〈偉人〉明善像がいかに形成されてきたかが追究されている（伴野：二〇一四、二〇二〇をも参照）。明善本人の事蹟だけでなく、彼の〈偉人〉化のプロセスと明善像の時期的な変遷の過程も重要な歴史研究のテーマだといえる。

　本書各章の論点は以上にとどまらないが、ここでは私が本書の特徴だと考える点を三点に整理して述べた。本書各章は、明善を広く時代と社会のなかに位置づけたり、明善と金原家の新たな側面に光を当てたり、明善を彼の出生前・死後も含めた長い射程で捉えたり、彼を学校教育の観点から見つめたりと、いずれも特色ある内容になっている。
金原明善は、「時代の子」であるとともに、時代をよりよい方向に変えるべく全力で生きた。読者の皆様が、本書で明善について知り、あるいは彼の新しい一面を発見することを通じて、よりよい未来を考えるうえでの何らかのヒントをつかんでいただければ、著者としてこのうえない幸いである。

**参考文献**


・伴野文亮「金原明善の『偉人』化と近代日本社会　顕彰の背景とその受容」(『書物・出版と社会変容』一六号、二〇一四年)
・同「近代天皇制国家と「偉人」」(『歴史評論』八四八号、二〇二〇年)
・三戸岡道夫『金原明善の一生』(栄光出版社、二〇〇七年)
・渡辺尚志『川と海からみた近世　時代の転換期をとらえる』(塙書房、二〇二二年)

# あとがき

二〇一六年のゴールデンウィークのある日、編者二人は浜松にいた。この日は、金原明善翁生家の裏にある石蔵と、一九六〇年（昭和三五）に金原治山治水財団が建設し、二〇一六年の時点で老朽化のため既に博物館としての機能を終えていた旧明善記念館に残置されていた古文書を、一橋大学附属図書館に寄贈する準備を進めるためであった。当日は、途中で小雨が降り出すなか、一橋大学近世史ゼミ所属のゼミ生有志のほか、ゼミの卒業生で当時岐阜市歴史博物館に勤務されていた望月良親さんや、東京大学大学院で日本経済史を研究していた棚井仁さんなど、学内外の大勢の方々の協力を得ながら、石蔵の中から塵と埃にまみれた長持や箪笥を外に運び出し、雨を避けつつ大量の資料を段ボールに収めた。

それから二ヶ月後の二〇一六年六月末、編者二人は再び浜松にいた。この日は、一昨月にレスキューした大量の古文書類が浜松の金原家を離れ、東京都小平市にある一橋大学附属図書館小平研究保存図書館に旅立つ日であった。当日は、編者二人のほか、渡辺尚志ゼミの卒業生である糟谷幸裕さんと夏目琢史さんに資料搬出にご協力いただき、引越しトラックに積み込まれて東京に向け出発した文書群を四人で見送った。

一橋大学附属図書館に寄贈された後は、編者二人がそれぞれ代表と幹事を務める形で「金原家文書」研究会を立ち上げ、同資料群の研究資源化に取り組んだ。この研究会には、一橋大学関係者では、編者二人の他は経済学研究科の高柳友彦さんと、渡辺ゼミの卒業生である鈴木直樹さんと武田真幸さんが参加し、学外からは淺井良亮さんと川崎華菜さん、棚井仁さんの三名にも加わっていただき、計八名で、同資料群の粗目録の作成に取り組んだ。研究会は、基本的に毎月一回開催し、文書のクリーニングや中性紙封筒への封入、写真撮影など、二〇二〇年三月までに粗目録を作成するという目標のもと限られた時間を有効に活用すべく作業を行なった。途中、幹事の伴野が東北大学文学研究科に就職し、仙台から研究会に参加するという想定外の事態もあったが、メンバーひとりひとりの協力によって何とか目標通り二〇二〇年三月までに粗目録を作成することができた。完成した粗目録は、一橋大学附属図書館と浜松市立中央図書館郷土資料室に配置し、金原明善本人や彼が携わった事業、あるいは浜松の地域史を研究しようとする普く人の研究利用に供する体制を整えた。

資料を石蔵から運び出し、資料が浜松から東京に移送されるその瞬間に立ち会った日から、およそ七年もの歳月が経った。今、ようやく金原家文書を活用した出版物の第一弾を世に出すことができて、実に感慨深い。本書の完成は、右に挙げた方々をはじめ、実に多くの支えがあってこそのものである。なかでも、特に名前を記しておくべきは、金原利幸さんと林哲也さんのお二人である。

金原利幸さんは、金原明善から数えて五代目の当主にあたる。金原さんは、金原明善家の直系の子孫（当主）と、金原明善翁生家記念館の館長という二つの立場にあって、貴重な歴史資料の一群を一橋大学附属図書館に寄贈する決断をされた。金原さんの英断がなければ、金原家ゆかりの巨大資料群が浜松を離れて東京に移管され、歴史研究の素材として広く一般に公開されることはなかったであろう。金原治山治水財団の方針で、旧明善記念館の取り壊しと集合住宅の建設、さらに生家裏の石蔵をリノヴェーションして民間業者に貸し出すことが決まった段階で、すぐに歴史資料の処遇について相談できたおかげで、当時一橋大学附属図書館の助教を務められていた夏目琢史さんに相談して浜松市文化財課への連絡を済ませた上で、速やかに寄贈に向けて動き出すことができた。あの時、「文書は君（伴野）に任せる」と言われた時に感じた感謝の念は、今もって忘れることは出来ない。この感謝の気持ちを胸に、これからも金原家文書のさらなる研究資源化と研究利用を進めていく所存である。

もう一人の林哲也さんは、附属図書館の職員を長く務められた方で、金原家文書が寄贈されたときには古典資料係におられた。編者二人が中心となって「金原家文書」研究会を立ち上げ、金原家文書の整理を始めてからは、研究会メンバーによる小平研究保存図書館の特別利用が出来るよう取り計らってくださった。のみならず、研究会が日曜日や祝日といった休日に開催されるのに合わせて、わざわざ休日出勤して現場に立ち会ってくださった。さらに、整理に必要不可欠な中性紙封筒や薄葉紙などの手配も万端取り計らっていただいた。先に、金原さんの英断によって金原家文書が未来に遺されることになったという「功績」について述べたが、現在の堀越係長をはじめとした附属図書館古典資料係の皆さん、とりわけ林さんの存在がなければ、研究会による粗目録作成が円滑に進むことはなかった。その意味で、金原家文書の研究資源化を陰で支えてくださった林さんの「功績」もまた、忘れることの出来ない大きなものである。この場を借りて、厚く御礼申し上げる次第である。

最後に、本書の制作にあたり、厳しい出版状況のなか本書の刊行を快く引き受けてくださった文学通信、並びに本書の編集では渡辺哲史氏に大変お世話になった。記して感謝申し上げる。ありがとうございました。

明善没後百年の歳に

伴野　文亮
渡辺　尚志

# 金原明善　関連年表

**武田真幸作成**

※作成にあたって金原治山治水財団編『金原明善』（丸ノ内出版、一九六八年）付録年表を参考にした。

| 和暦 | 西暦 | 事項 |
|---|---|---|
| 天保三 | 一八三二 | 六月七日　明善（幼名弥一郎・八代久右衛門）誕生 |
| 天保一〇 | 一八三九 | 一〇月四日　玉城（明善妻）誕生 |
| 天保一四 | 一八四三 | 一一月一九日　弟覊二（のち上村清兵衛）誕生 |
| 弘化二 | 一八四五 | 安間村が中泉代官領から旗本松平氏知行所に移る |
| 安政元 | 一八五四 | （一一月四日　安政東海地震、天竜川の堤防も決壊する） |
| 安政二 | 一八五五 | 二月一〇日　玉城と結婚 |
| 安政二 | 一八五五 | 五月　父久平の跡を継ぎ安間村名主に就任する |
| 安政三 | 一八五六 | 七月二〇日　長男岡太郎（のち明徳）誕生 |
| 安政四 | 一八五七 | 閏五月　松平家より苗字帯刀御免・中小姓席を仰せ付けられる |
| 安政六 | 一八五九 | （五月　横浜開港） |
| 元治元 | 一八六四 | 五月　父久平らが横浜に貿易商「遠江屋」を開業する |
| 元治元 | 一八六四 | 長女せい誕生（早世） |
| 慶応三 | 一八六七 | 八月　遠江屋の整理に従事する（九月まで） |

| | | |
|---|---|---|
| 慶応三 | 一八六七 | （一〇月一四日　大政奉還） |
| 慶応四 | 一八六八 | 四月　松平家より用人格に任命される |
| 慶応四 | 一八六八 | 四月　新政府に天竜川の水害予防を建言 |
| 慶応四 | 一八六八 | 八月　天竜川の堤防御用掛のひとりに任命される |
| 明治元 | 一八六八 | 一〇月二二日　父久平死去 |
| 明治二 | 一八六九 | 四月二〇日　養孫巳三郎誕生 |
| 明治二 | 一八六九 | 四月　窮民救助の功績で駿河府中藩より一代限りの苗字帯刀を許可される |
| 明治三 | 一八七〇 | 八月一一日　二男喜一誕生 |
| 明治四 | 一八七一 | 五月　静岡藩より御蔵番格に任命される |
| 明治四 | 一八七一 | 静岡藩に天竜川堤防修築工事費として毎年千両の献納を願い出る |
| 明治四 | 一八七一 | （七月一四日　廃藩置県） |
| 明治五 | 一八七二 | 一月　浜松県より堤防方附属に任命される（五月説あり） |
| 明治五 | 一八七二 | 二月二七日　浜松県第五・六区戸長に就任する |
| 明治五 | 一八七二 | 五月　明善に改名する |
| 明治五 | 一八七二 | 八月八日　献金の褒美として大蔵省より銀盃が下賜される |
| 明治五 | 一八七二 | 一〇月　浜松県より天竜川御普請専務に任命される |
| 明治六 | 一八七三 | 二月　浜松県より天竜川通総取締に任命される |
| 明治六 | 一八七三 | 二月　浜松県より学区取締・第一大区四小区区長に任命される |
| 明治六 | 一八七三 | 一一月　浜松県より資産金御用掛・開墾御用掛に任命される |
| 明治七 | 一八七四 | 五月　浜松大火に対し消防の建言と寄付を行う |

| | | |
|---|---|---|
| 明治七 | 一八七四 | 六月一八日　天竜川通堤防会社設立の認可を受け、社長に就任する |
| 明治八 | 一八七五 | 四月　天竜川通堤防会社が治河協力社に改称し、総裁専務に就任する |
| 明治八 | 一八七五 | 七月　地租改正惣代人に就任する |
| 明治八 | 一八七五 | 一〇月　浜松県より天竜川堤防取締役に任命される |
| 明治八 | 一八七五 | 一〇月　学区取締・第一大区四小区区長を退任する |
| 明治九 | 一八七六 | 一二月　静岡県県会議員に任命される |
| 明治九 | 一八七六 | 水利学校を創設 |
| 明治一〇 | 一八七七 | 一〇月　皇后より御歌が下賜される |
| 明治一〇 | 一八七七 | 一二月　内務卿大久保利通に陳情し天竜川治水のため家財の寄付を申し出る |
| 明治一一 | 一八七八 | 五月二六日　三男有慶誕生 |
| 明治一一 | 一八七八 | 九月一八日　第一一・一二大区内浦役人取締に任命される |
| 明治一一 | 一八七八 | 一一月一日　治水の功績で明治天皇より金品が下賜される |
| 明治一二 | 一八七九 | 九月一三日　同志連名で皇居造営の懇願書を静岡県庁に提出する |
| 明治一三 | 一八八〇 | 一〇月　静岡勧善会を設立する |
| 明治一四 | 一八八一 | 一〇月　合本興業社が設立される |
| 明治一五 | 一八八二 | 三月　浜松勧善会を設立する |
| 明治一六 | 一八八三 | 三月二日　四男菊郎誕生 |
| 明治一八 | 一八八五 | 三月　治河協力社解散 |
| 明治一八 | 一八八五 | 三月　東里為替店が明善の個人経営となる |
| 明治一八 | 一八八五 | 一二月四日　瀬尻村官有林の委託植林が許可される |

| | | |
|---|---|---|
| 明治一九 | 一八八六 | 新式機械製材（後の天龍木材株式会社）を開始 |
| 明治二〇 | 一八八七 | 一月　家産管理のため金原事務所を設立する |
| 明治二一 | 一八八八 | 三月六日　出獄人保護会社設立が認可される |
| 明治二一 | 一八八八 | 海防費献納の功績で従五位を叙せられるが、返上する |
| 明治二二 | 一八八九 | （二月一一日　大日本帝国憲法発布） |
| 明治二二 | 一八八九 | （七月一日　東海道線全線開通〈新橋—神戸間〉） |
| 明治二三 | 一八九〇 | 九月、治水協会を設立し『治水雑誌』を発行する |
| 明治二四 | 一八九一 | （一〇月二八日　濃尾地震） |
| 明治二五 | 一八九二 | 九月　天竜運輸会社が開業する |
| 明治二六 | 一八九三 | 九月　天竜運輸株式会社に改称する |
| 明治二七 | 一八九四 | （八月一日　日清戦争開戦） |
| 明治二八 | 一八九五 | 三月一日　長男明徳へ家督を譲る |
| 明治二八 | 一八九五 | 五月　第四回内国勧業博覧会審査官に任命される |
| 明治二八 | 一八九五 | 一〇月　興業店を改組し天竜製材店（合資天竜製材株式会社）を開業する |
| 明治二九 | 一八九六 | 三月一六口　北海道瀬棚郡瀬棚村に金原殖民場事務所を開設する |
| 明治三〇 | 一八九七 | 七月　濃尾地震後の岐阜県下を調査し、植林計画を立案 |
| 明治三一 | 一八九八 | 一二月　植林が完了した瀬尻御料林を献納する |
| 明治三二 | 一八九九 | 六月一日　天竜運輸株式会社社長を辞任する |
| 明治三三 | 一九〇〇 | 一月一日　合名会社金原銀行が開業する |
| 明治三三 | 一九〇〇 | 六月一四日　瀬尻植林の功績で宮内省より金盃一組と金五万円が下賜される |

| | | |
|---|---|---|
| 明治三四 | 一九〇一 | 静岡県山林協会を設立し、会長に就任する |
| 明治三七 | 一九〇四 | （二月一〇日　日露戦争開戦） |
| 明治三七 | 一九〇四 | 五月二五日　財団法人金原疏水財団の設立が認可される |
| 明治三七 | 一九〇四 | 一二月一四日　妻玉城死去 |
| 明治三八 | 一九〇五 | 一月一八日　天竜運輸株式会社取締役を辞任する |
| 明治三八 | 一九〇五 | 二月九日　静岡地方森林会議員・山林協会会長を辞任する |
| 明治三九 | 一九〇六 | 九月　天竜運輸株式会社の全持株を巳三郎に譲渡する |
| 明治四〇 | 一九〇七 | 一二月二九日　和田村長に就任する |
| 明治四〇 | 一九〇七 | 天龍木材株式会社を設立する |
| 明治四一 | 一九〇八 | 一二月　浜名郡耕地整理組合長に就任する |
| 明治四二 | 一九〇九 | 天竜鉄鋼合資会社が設立される |
| 明治四二 | 一九〇九 | 五月　和田村長を辞任する |
| 明治四三 | 一九一〇 | 天竜鉄鋼合資会社が天竜製鋸合資会社に改称 |
| 明治四四 | 一九一一 | 四月　女子農学校を開設する |
| 明治四四 | 一九一一 | 六月八日　財団法人静岡県勧善会設立が認可される |
| 明治四四 | 一九一一 | 浜松軽便鉄道株式会社を設立 |
| 明治四五 | 一九一二 | 一一月　浜名郡耕地整理組合長就任を固辞する |
| 大正二 | 一九一三 | 三月　静岡県知事官房編『金原明善と其事業』出版 |
| 大正二 | 一九一三 | 天竜製鋸株式会社が設立される |
| 大正三 | 一九一四 | 橿原神宮造営運動に携わる |

| | | |
|---|---|---|
| 大正三 | 一九一四 | 一〇月　正五位に叙せられる |
| 大正四 | 一九一五 | 浜松鉄道株式会社に社名を戻す |
| 大正五 | 一九一六 | 九月　水野定治『天龍翁金原明善』出版 |
| 大正六 | 一九一七 | 株式会社金原銀行設立 |
| 大正一二 | 一九二三 | 一月一四日　明善死去 |
| 昭和六 | 一九三一 | 三月八日　長男明徳死去 |
| 昭和一一 | 一九三六 | 金原銀行が三菱銀行の傘下に入る |
| 昭和一三 | 一九三八 | 金原疎水財団が金原治山治水財団に改称 |
| 昭和一五 | 一九四〇 | 一〇月　金原銀行が三菱銀行に吸収合併される |
| 昭和一七 | 一九四二 | 明善神社建立 |
| 昭和二〇 | 一九四五 | 八月　天竜運輸株式会社が日本通運株式会社に吸収合併される |
| 昭和三五 | 一九六〇 | 明善記念館落成 |
| 昭和四三 | 一九六八 | 三方原農業水利事業完成 |
| 昭和五四 | 一九七九 | 天竜川下流水利事業完成 |

## 金原家文書へのアクセス

金原家文書は、二〇一六年に、ご子孫の意向で、一橋大学附属図書館に寄贈された。現在は、状態の悪いものを除いたすべての史料について、原則公開している。なお、二〇一九年に完成した仮目録は、一橋大学附属図書館と浜松市立図書館（中央図書館）で閲覧することができる。

▼一橋大学附属図書館
〈所在地〉〒186-8602 東京都国立市中 2-1
〈HP〉https://www.lib.hit-u.ac.jp/

▼一橋大学小平研究保存図書館
〈所在地〉〒187-0045 東京都小平市学園西町 1-8-22
〈HP〉https://www.lib.hit-u.ac.jp/services/library/kodaira/

▼浜松市立図書館（中央図書館）
〈所在地〉〒430-0947 浜松市中区松城町 214 番地の 21
〈HP〉https://www.lib-city-hamamatsu.jp/index.html

## 執筆者プロフィール　※執筆順

**伴野文亮**→奥付参照

**渡辺尚志**→奥付参照

**伊故海貴則**（いこみたかのり）
一九九二年生。立命館大学衣笠総合研究機構。
主要業績に「明治前期地方官の民衆認識と地方経営　幕臣関口隆吉を事例として」（『日本歴史』八二三、二〇一六年）、『明治維新と〈公議〉　議会・多数決・一致』（吉川弘文館、二〇二二年）などがある。

**棚井仁**（たないひとし）
一九七九年生。立教大学経済学部。
主要業績に「1920～30年代における三菱銀行の有価証券投資　社債投資を中心として」（『三菱史料館論集』第二一号、二〇二〇年）、「合名会社金原銀行の設立と展開　三菱銀行合併前史の研究」（『三菱史料館論集』第二三号、二〇二二年）などがある。

**高柳友彦**（たかやなぎともひこ）
一九八〇年生。一橋大学大学院経済学研究科。
主要業績に『温泉の経済史　近代日本の資源管理と地域経済』（東京大学出版会、二〇二一年）、『温泉旅行の近現代』（吉川弘文館、二〇二三年）などがある。

**佐藤敏彦**（さとうとしひこ）

一九四六年生。法政大学大学院博士後期課程。

主要業績に「史料『北海道ニ於ケル畜産（殊ニ酪農）奨励ニ関スル件』の考察」（『法政史学』第九三号、法政大学史学会、二〇二〇年）、「近代倉庫の形成と横浜倉庫の創業　村野日誌の舞台背景」（村野日誌研究会・町田市立自由民権資料館編『村野日誌』1、町田市教育委員会、二〇二一年）、「北海道における国有未開地処分と大農場による開墾事業　金原農場資料と道庁土地台帳を素材に」（長井純市編『近代日本の歴史と史料』花伝社、二〇二二年）などがある。

**井口裕紀**（いぐちゆき）

一九七四年生。高等学校地理歴史科教諭。

二〇一六年より静岡県立浜名高等学校に勤務。二〇一七年から同校史学部顧問を務める。

**浜名高校史学部**（はまなこうこうしがくぶ）

一九五四年創部。以来、旧浜北市内の発掘調査や静岡県西部の地域史研究に取り組む。

一九八一年には第二五回旺文社全国学芸コンクールで文部大臣奨励賞を受賞。二〇二三年には令和五年度全国社会科学・郷土研究発表大会に「天竜川下流域に住む人たちの防災と暮らしの知恵　磐田市草崎地区からの考察」で出場し、最優秀賞を受賞。

**武田真幸**（たけだまさき）

一九八八年生。立川市産業文化スポーツ部市史編さん室。

主要業績に「金原家文書「KM-44」目録および解題」（『一橋大学附属図書館研究開発室年報』第一〇号、二〇二二年）、「コロナ禍における関東近世史研究会」（『地方史研究』第七二巻三号、二〇二二年）などがある。

**編　者**

伴野文亮（とものふみあき）

1989年生まれ、静岡県出身。一橋大学大学院社会学研究科博士後期課程修了、博士(社会学)。鹿児島大学法文学部附属「鹿児島の近現代」教育研究センター特任准教授。専門は19世紀日本史、書籍文化史。著書に『日本学の教科書』（共編著、文学通信、2022年)、「摩訶庵蒼山追善句集『しら露集』にみる明治期「旧派」の位相―俳諧と「教化」の関係に着目して」（『連歌俳諧研究』第144号、2023年)、「金原明善研究の課題と展望」（『静岡県近代史研究』第48号、2023年）など。

渡辺尚志（わたなべたかし）

1957年生まれ、東京都出身。東京大学大学院博士課程単位取得退学、博士（文学)。一橋大学名誉教授、松戸市立博物館長。専門は日本近世村落史。著書に『近世の村と百姓』（勉誠出版、2021年)、『川と海からみた近世』（塙書房、2022年)、『藩地域論の可能性　信濃国松代藩地域の研究Ⅶ』（岩田書院、2023年）など。

---

# 金原明善《きんばらめいぜん》

## ――日本の〈偉人〉を捉えなおす

2023（令和5）年12月15日　第1版第1刷発行

ISBN978-4-86766-028-7　C0020　

---

**発行所**　株式会社　**文学通信**

〒114-0001　東京都北区東十条1-18-1　東十条ビル1棟101

電話 03-5939-9027　　Fax　03-5939-9094

メール info@bungaku-report.com　ウェブ https://bungaku-report.com

**発行人**　岡田圭介

**印刷・製本**　モリモト印刷

ご意見・ご感想はこちらからも送れます。上記のQRコードを読み取ってください。